ESTRESSE:

CONCEITOS, MÉTODOS, MEDIDAS E POSSIBILIDADES DE INTERVENÇÃO

Coleção Temas em Avaliação Psicológica

Organizada por
João Carlos Alchieri
Roberto Moraes Cruz

ESTRESSE:
CONCEITOS, MÉTODOS, MEDIDAS E POSSIBILIDADES DE INTERVENÇÃO

Jamir J. Sardá Jr.
Eduardo J. Legal
Sérgio J. Jablonski Jr.

Casa do Psicólogo®
uma empresa PEARSON

1ª Edição *2004*
2ª Edição *2008*
1ª Reimpressão *2014*
Editor *Ingo Bernd Güntert*
Produção Gráfica *Renata Vieira Nunes*
Editoração Eletrônica *Valquíria Kloss*
Preparação de Originais *Adilson Miguel*
Capa *Willian Eduardo Nahme*

Dados Internacionais de Catalogação na Publicação (CIP)
Angélica Ilacqua CRB-8/7057

Sardá Junior, Jamir J.

Estresse: conceitos, métodos, medidas e possibilidades de intervenção / Jamir J. Sardá Junior, Eduardo J. Legal, Sérgio J. Jablonski Junior. – São Paulo: Casa do Psicólogo, 2014. (Temas em avaliação psicológica)

1ª reimpressão da 2ª edição de 2008
Bibliografia.
ISBN 978-85-7396-337-3

1. Estresse no trabalho 2. Estresse (Fisiologia) 3. Estresse (Psicologia) - Avaliação I. Legal, Eduardo J. II. Jablonski Junior, Sérgio J. III. Título. IV. Série.

13-0543 CDD-155.9042

Índices para catálogo sistemático:

1. Estresse: Diagnóstico e prognóstico

Impresso no Brasil
Printed in Brazil

Casapsi Livraria e Editora Ltda.
Rua Simão Álvares, 1020
Pinheiros • CEP 05417-020
São Paulo/SP – Brasil
Tel. Fax: (11) 3034-3600
www.casadopsicologo.com.br

A nossas companheiras, familiares e amigos,
que têm sido muito mais suportes para uma vida
menos estressante, feliz e saudável,
do que fatores estressores.

Sumário

Prefácio

O objetivo da coleção ***Temas em Avaliação Psicológica*** é proporcionar ao leitor uma compreensão sobre determinados temas a partir de uma visão ou de um olhar diagnóstico, fundamentado pela prática da avaliação psicológica. O objetivo dos editores desta série de livros é auxiliar profissionais, pesquisadores, professores e alunos no entendimento da construção do conhecimento em algumas áreas específicas, bem como, na apropriação e no domínio de procedimentos metodológicos para o desenvolvimento de investigações científicas em avaliação psicológica. Pretendemos proporcionar ao leitor uma visão sintética e ao mesmo tempo analítica e crítica do conhecimento produzido nessa área.

Temos certeza de que esta série fornecerá ao leitor uma ampla visão sobre alguns fenômenos, estimulando-o no processo de produção do conhecimento, direcionado-o a referências mais específicas e auxiliando-o na construção e na operacionalização de avaliações psicológicas em áreas específicas.

A escolha do tema deste segundo número está relacionada com a grande gama de conhecimento produzido sobre estresse nos últimos vinte anos, o interesse que a questão tem despertado no público em geral, principalmente entre estudantes, bem como a multidimensionalidade do tema e suas interfaces com outras áreas.

Sem dúvida nenhuma, o fenômeno estresse tem exigido de psicólogos clínicos e pesquisadores não só uma compreensão maior sobre o assunto, mas também uma descrição mais precisa dos aspectos presentes nesse transtorno, de sua etiologia, das possibilidades de intervenção e prognósticos. Esses aspectos têm colaborado para o aumento de solicitações de avaliações psicológicas envolvendo o problema, demandando, como descrito anteriormente, não só uma maior compreensão do assunto, mas também a necessidade de operacionalizar o acesso ao tema e possibilitar uma melhor comunicação dos achados.

A multiplicidade de aportes e o excesso de generalizações vêm demandando de clínicos e pesquisadores uma atitude de resgate de alguns conceitos, revisões teóricas e uma reavaliação de intervenções. Embora a literatura na área seja bastante ampla, existem poucas produções voltadas ao processo de avaliação do estresse e de fenômenos adjacentes. Salvo alguns trabalhos de qualidade, discussões extremamente genéricas e pouco fundamentadas têm colaborado para a banalização do tema, principalmente nas áreas de avaliação e intervenção.

Este livro faz uma revisão teórica das principais formas de abordagem do estresse. A partir de diversos temas emergentes em pesquisas nacionais e internacionais, descreve algumas diretrizes pertinentes ao processo de avaliação e os principais instrumentos utilizados na avaliação psicológica do estresse e aponta algumas possibilidades de intervenção.

Pretendemos oferecer ao leitor uma introdução teórica e metodológica sobre o fenômeno do estresse, integrando-a aos demais estudos da coletânea ***Temas em Avaliação Psicológica.*** Especificamente, buscamos proporcionar uma compreensão da multidimensionalidade do fenômeno do estresse, favorecendo, assim, a estruturação e a operacionalização de processos de avaliação psicológica fundamentados em pressupostos científicos.

Os editores

1. Neurobiologia do estresse

De modo geral, podemos definir estresse como uma resposta não específica do organismo diante de uma situação interpretada como ameaçadora (González, 2001; Von Borell, 2001). Esta resposta procura restabelecer a homeostase (equilíbrio) do organismo uma vez que ele tenha sido mobilizado para uma ação vigorosa de "luta ou fuga".

Apesar de alguns autores conceberem o estresse como algo nocivo, desencadeado por estados emocionais negativos (como na definição de Agarwal e Marshall Jr., 2001), essa resposta do organismo pode também ser precipitada por emoções positivas, percebidas como excessivas (Lipp, 1996; McEwen, 2000). O que desencadeia ou não a resposta é a avaliação que o organismo faz da situação (Lazarus & Folkman, 1984; Lipp, 2003; McEwen, 2000; Von Borell, 2001).

O estresse não é apenas uma mera reação, mas sim um processo, pois trata-se de uma cadeia de reações cuja função é adaptar o organismo a uma condição ambiental que, de algum modo, exija uma tomada de decisão rápida, geralmente ligada à sobrevivência (ou pelo menos interpretada como tal). Neste sentido, o estresse pode ser concebido como uma resposta necessária à manutenção da vida do organismo, tendo sido possivelmente selecionado durante o processo evolutivo das espécies animais, inclusive da nossa.

No entanto, ao mesmo tempo em que essa reação adaptativa é de extrema importância para a manutenção da vida, ela pode ser também extremamente nociva à sua continuidade. As condições fisiológicas requisitadas para organizar a resposta de "luta ou fuga" têm por objetivo manter o organismo em alerta e pronto para uma ação rápida e vigorosa diante de um evento percebido como estressor.

Todo esse desgaste é necessário, pois, como foi já frisado, é a sobrevivência do organismo que está em jogo. Freqüentemente, essa resposta funciona muito bem em situações da vida selvagem em que o perigo eminente, na maioria das vezes, é seguido de risco de vida. Como retrata bem Robert Sapolski (1998), em seu livro *Why zebras don't get ulcers* (*Por que as zebras não têm úlceras*), na selva, quando um animal, como a zebra, está pastando e detecta a presença de um predador, seus sentidos são postos em alerta, sua respiração torna-se mais curta, seu coração bate mais rápido, sua pressão arterial se eleva, a circulação sangüínea (por conta da vasoconstrição) é desviada dos vasos mais próximos da pele para os órgãos dos sentidos e para os grandes músculos. Essas alterações fisiológicas aumentam momentaneamente a força física do animal. O comportamento alimentar é subitamente interrompido, seus esfíncteres podem ser relaxados e ela poderá defecar ou urinar (ficando mais leve e, em conseqüência, mais rápida). Seu sistema imunológico torna-se mais eficiente, principalmente na cicatrização, pois um ataque predatório pode gerar lesões e hemorragia. O sangue fica enriquecido com uma quantidade extra de glicose e colesterol, que são transformados rapidamente em energia, e plaquetas, que ajudam na cicatrização.

Ao sinal de investida do predador, a zebra bate em retirada imediatamente e quanto mais vigorosa sua ação, maiores serão as suas chances de sobrevivência ao ataque. Se o animal obteve sucesso na fuga, quando estiver longe do perigo e sem novas ameaças no ambiente, pelo menos naquele momento, a zebra experimentará um retorno do seu organismo aos níveis anteriores à fuga: a respiração, os batimentos cardíacos, a pressão arterial, a tensão muscular e a circulação, bem como os órgãos dos sentidos, voltam ao estado anterior (mais relaxados).

O animal no ambiente natural se defronta com muitas fontes de estresse, mas, a grande maioria delas não envolve eventos que se prolongam por muito no tempo. Uma vez que a fuga, os *displays* (demonstrações de agressão que dificilmente se tornarão conflito físico) ou a luta tenham se dado, o organismo tende a restabelecer seu estado homeostático.[1] Estressores de longo termo ou que durem muito tempo (ou o tempo suficiente para provocar um grande desgaste para o organismo) são raros no ambiente natural, mas não no ambiente humano.

No homem moderno, a reação fisiológica do estresse apresenta poucas diferenças (se é que de fato há alguma) com relação às respostas dos animais. A grande variante se encontra não na reação ao objeto estressor, mas no tempo, na duração do evento. Enquanto os outros animais reagem aos perigos imediatos e reconhecidos que os cercam, o homem, na maior parte das vezes, não conhece seus algozes, e se os conhece, não pode enfrentá-los (trânsito, trabalho, economia mundial, etc.), ainda que em seu passado

---

[1] A literatura atual tem substituído o termo *homeostase* por *alostase*. Homeostase implica uma constante fisiológica ideal para todas as situações e a alostase reivindica diferentes níveis de homeostase ideais para diferentes circunstâncias (McEwen, 2000; Sapolsky, 1998).

evolutivo (e em algumas situações específicas da atualidade) pudesse reconhecer alguns perigos e encará-los ou bater em retirada. Essa resposta de ativação é rápida e exige, como já foi dito, uma ação igualmente veloz. A continuidade (manutenção) da resposta não pode ser muito longa, pois a perda energética causada ao organismo é bastante alta, e pode levar ao desligamento prolongado de vários mecanismos que garantem a saúde. Isso se manifesta tanto na esfera física (pelo aparecimento de afecções como resfriados, úlceras, gastrites, problemas cardíacos, etc.) quanto na psíquica (depressão, ansiedade, irritabilidade, etc.).

Mas, então, se essa condição causa um desgaste tão grande ao organismo, não seria de se esperar que houvesse uma adaptação a ela? Não seria de se esperar que as condições estressantes servissem como selecionadores naturais, fazendo pressão para a ocorrência de mecanismos para se lidar com elas?

Sim, e foi exatamente isto que ocorreu. A reação de estresse tem como objetivo mobilizar o organismo para solucionar a condição em que se encontra, considerando-se o contexto, as experiências anteriores e a biologia. Contudo, essa seleção ocorreu com os ancestrais de nossos ancestrais (como pode ser verificado em outros animais, como cães, ratos, gatos, pombos, etc.) e em um tempo em que os estressores crônicos eram mais raros e conhecidos (o frio, o calor, as chuvas, as secas). Ao que parece, não houve nenhuma mudança fisiológica nos últimos cento e cinqüenta mil anos, que é mais ou menos a idade de nossa espécie (Bourguignon, 1990; Leakey, 1995).

Somos, em termos biológicos, os mesmos homens e mulheres que migraram da África para o resto do mundo, há mais ou menos cem mil anos, e de lá para cá, principalmente nos últimos sete mil anos (ou seja, "ainda há pouco", nos termos da história evolutiva humana), temos construído um mundo muito diferente do natural. Modificamos o ambiente para que ele se adapte às nossas necessidades; vivemos em grandes sociedades e não mais entre quinze e trinta indivíduos familiares das sociedades caçadoras-coletoras (Bourguignon, 1990; Leakey, 1995; Foley, 1992). Inventamos os meios de transporte e os tornamos populares, e, desde então, somos importunados por engarrafamentos e acidentes. Inventamos a mídia, aceleramos o processo de comunicação e, a partir daí, vivemos imersos em um fluxo de informações maior do que somos capazes de suportar. Criamos as cidades, e junto com elas se agravaram os problemas sociais. Desenvolvemos o dinheiro e, desde então, vivemos em função dele, e tudo que a ele afeta também nos atinge. Desenvolvemos nossos meios de produção, os postos de trabalho e as chefias, os supervisores, o mercado, a especialização, o trabalho assalariado, as relações de trabalho; também inventamos o desemprego, a busca desenfreada pela produção, e exacerbamos as diferenças sociais aos seus extremos.

Como podemos perceber, estes estressores não estavam presentes entre nossos ancestrais e, provavelmente, nunca tiveram antes a forma que tomaram nos últimos cento e cinqüenta anos. A cronicidade destas fontes estressoras não estavam previstas nas nossas antigas formas de organização fisiológica e, portanto, não poderíamos estar preparados para tal demanda. É um fato novo para uma estratégia antiga, e pelo visto, na maioria das vezes, ela não produz efeitos satisfatórios.

Para entendermos melhor essa complexa resposta do organismo, que chamamos de estresse, e suas derivações, é necessário conhecer o que é este fenômeno psicofisiológico. As sessões que se seguem (sem a pretensão de fazer uma revisão exaustiva do tema) tentam explicar o que acontece em nosso organismo quando nos confrontamos com algo que percebemos como estressante ou a que atribuímos esse significado.

A REAÇÃO DE ESTRESSE

Embora o termo estresse já venha sendo utilizado desde o século XVII, sua aplicação específica a uma condição fisiológica teve início em fins do século XIX, com Claude Bernard. Contudo, foi no início do século XX que o termo estresse se tornou um conceito heurístico (González, 2001; Lipp, 2003; Von Borell, 2001).

Cannon, em 1914, utilizou o vocábulo para definir uma reação do organismo a uma situação de "fuga ou luta", uma emergência. Seu ponto de partida foram suas observações sobre o efeito que o hormônio adrenalina tinha sobre o organismo. Como esse hormônio é produzido pelas glândulas adrenais e estas estão ligadas ao sistema nervoso autônomo, Cannon e de La Paz conseguiram demonstrar, em um experimento, que gatos expostos a uma ameaça do seu dia-a-dia (um cão) apresentavam grande liberação de adrenalina, e cerca de uma hora depois, glicosúria. Diante desse fato, Cannon supôs que as modificações corporais estavam diretamente ligadas ao fator psicológico "ameaça", e que a reação dos gatos demonstrava uma resposta à emergência (González, 2001).

Duas décadas depois da divulgação dos trabalhos de Cannon, Hans Selye, em 1936, também interessado na relação entre fatores psicológicos e doenças, começou a se questionar sobre por que pacientes internados por problemas distintos apresentavam um conjunto de sintomas parecidos (González, 2001). Sua curiosidade científica posteriormente resultou na mais proeminente e influente teoria de estresse até o momento.

Selye demonstrou, por meio de experimentos com animais, que a exposição a fatores estressantes era acompanhada de aumento na liberação de corticosteróides, aparecimento de úlceras pépticas, hipertrofia do córtex das glândulas adrenais e involução dos órgãos imunes (timo e baço). Denominou essa reação de *síndrome geral da adaptação* (SGA) (González & Escobar, 2002). Selye também mostrou que a reação de estresse possui três níveis diferentes de manifestação à medida que o indivíduo não consegue eliminar ou controlar a(s) situação(ões) estressante(s): 1) *fase de alerta* (semelhante ao que Cannon chamou de reação de emergência), na qual há uma excitação do sistema nervoso simpático; 2) *fase de resistência*, quando há uma liberação do hormônio corticosteróide cortisol); 3) *fase de exaustão*, na qual aparecem as doenças decorrentes da incapacitação do sistema imunológico (Agarwal & Marshall, 2001; Lipp, 1996; Von Borell, 2001).

Ao longo dos últimos cinqüenta anos, muitas outras descobertas foram se somando às de Selye, e, hoje, o conhecimento que temos sobre a psicofisiologia do estresse nos permite compreender (à medida que se tem avançado na área das neurociências e nas ciências do comportamento) as intrincadas relações entre o sistema nervoso e o imunológico. Esse conhecimento, por sua vez, tem permitido intervenções de baixo custo e grande eficiência na melhora (alívio de sintomas, e não necessariamente cura) de enfermidades do sistema respiratório, gastrintestinal, cardíacas e outras condições patológicas (Rocha, 2002). Também propiciou uma maior compreensão da influência dos estados de ânimo patológicos (alguns decorrentes do estresse) relacionados aos transtornos mentais.

Situações de estresse, como já dito anteriormente, provocam uma reação de excitação geral do organismo. Diante de uma condição considerada aversiva ou ameaçadora, um complexo sistema de mobilização de energia é liberado para ser utilizado em uma reação de luta ou de fuga.

Dentro do organismo, uma série de reações catabólicas (de liberação de energia) são iniciadas pela ação do hormônio adrenalina (epinefrina). Esta substância age sobre as células do pâncreas, liberando a secreção de glucagon que atua sobre os depósitos de glicogênio do organismo quebrando-o em moléculas de glicose, que ficaram disponíveis na corrente sangüínea e servirão ao cérebro e aos músculos. Estes também agem sobre o sistema nervoso aumentando a liberação de norepinefrina (NE) no hipotálamo, no córtex frontal e no prosencéfalo lateral basal (Carlson, 2002). A NE aumenta as reações de alerta, ativando ainda mais os sistemas sensoriais e mobilizando boa parte do fluxo sangüíneo para os músculos (já sensibilizados pela adrenalina), e também aumenta as taxas respiratórias, cardíacas e a pressão arterial (González & Escobar, 2002).

Todo este processo é viabilizado pela ativação de um circuito que envolve o hipotálamo (o grande controlador de várias funções vitais do organismo, como a fome, a sede e a temperatura corporal), a pituitária (que controla as glândulas secretoras de hormônios em todo o corpo) e as adrenais (que produzem e secretam, entre outros, os hormônios adrenalina e cortisol). Este circuito é conhecido como *Eixo HPA*. Na figura abaixo, podemos visualizar o circuito com mais clareza:

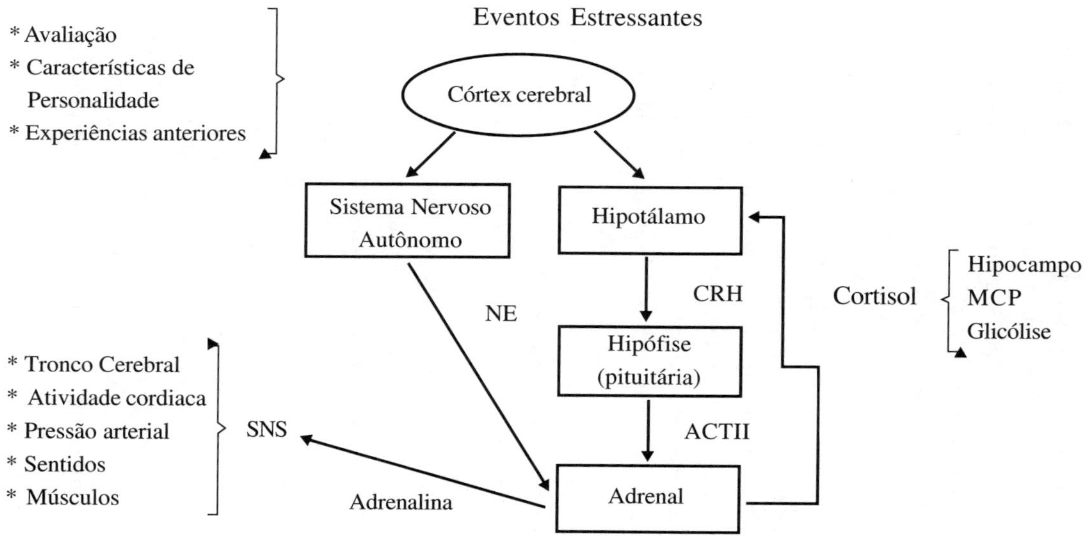

Legenda: NE: norepinefrina; SNS: sistema nervoso simpático; CRH: hormônio liberador de corticotropina; ACTH: hormônio adrenocorticotrópico; MCP: matéria cinzenta periaquedutal.

Figura 1. Esquema da ativação fisiológica da resposta de estresse.

Seguindo o esquema descrito na Figura 1, ao se deparar com um evento qualquer no ambiente, o indivíduo recebe informações da situação através dos seus órgãos sensoriais e esses estímulos dirigem-se ao encéfalo, onde serão traduzidos em percepções (estímulos com significado). A interpretação que o organismo dá ao evento depende: 1) das suas experiências anteriores com o evento; 2) do contexto em que ocorre o evento, e 3) das suas características de personalidade. Se o evento é considerado ameaçador, o circuito neural das respostas de luta e fuga é ativado.

Essa ativação depende fundamentalmente do hipotálamo e do sistema nervoso simpático (SNS). Enquanto o hipotálamo regula uma série de atividades endócrinas, o SNS desencadeia um conjunto de atividades ligadas ao estado de alerta do organismo. O SNS é ativado diretamente pela ação do lócus ceruleus, núcleo cerebral situado no tronco cerebral e rico em neurônios secretores de norepinefrina (NE) e encefalinas. Essas substâncias neurotransmissoras atuam sobre os terminais nervosos do sistema nervoso autônomo e sobre a medula das adrenais, secretando os hormônios epinefrina (EP), encefalina e norepinefrina (NE), e ativando o córtex cerebral, principal centro de controle da tomada de decisão e raciocínio; com a pituitária (hipófise); com a amígdala (não a glandular, situada na região do pescoço, mas a que fica na parte interna do lobo temporal), e com o hipocampo, principal centro controlador da memória declarativa (Carlson, 2002; González & Escobar, 2002).

Ao ser ativado, o hipotálamo estimula o sistema endócrino e o sistema nervoso autônomo (Agarwal & Marshall Jr., 2001; Almeida, 2003). O núcleo paraventricular hipotalâmico (NPH) é estimulado a secretar os neuro-hormônios CRH (hormônio liberador de corticotropina) e a arginina-vasopresina (um peptídeo com função transmissora), que agem diretamente sobre a pituitária. Esta, por sua vez, é estimulada a produzir o ACTH (hormônio adrenocorticotrópico) que é lançado na corrente sangüínea por meio da grande rede de capilares presentes na pituitária anterior. O ACTH tem como função estimular o córtex das adrenais a produzir e liberar na corrente sangüínea hormônios glicocorticóides (em seres humanos, principalmente cortisol).

O cortisol liberado na corrente sangüínea atuará sobre os depósitos de energia do organismo (gordura e proteínas), ativando os mecanismos catabólicos (de quebra de moléculas) que lançarão na corrente sangüínea uma grande quantidade de glicose (Carlson, 2002).

Experimentos com ratos têm demonstrado que, sob estresse crônico, os animais consomem mais alimentos, porém, sem aumento de peso. A administração de substâncias inibidoras do CRH nos ratos diminui tais efeitos, indicando que esse hormônio tem como principal função aumentar o consumo energético do organismo. Como o cortisol tem função catabólica, sua ação fundamental deve ser a de compensar os efeitos de perda de energia provocada pela liberação de CRH (Carlson, 2002).

O fluxo sangüíneo, na presença de cortisol, é aumentado; já a sensibilidade das gônadas ao hormônio luteinizante (LH) diminui. Esta queda da ativação do LH se reflete na redução dos hormônios esteróides (testosterona, androstenediona, estrogênio). Evidências desse processo foram apontadas por Carlson (2002) em estudos que demonstraram uma diminuição do hormônio testosterona em médicos residentes sob estresse ocupacional, quando comparados a outros médicos menos afetados por essa modalidade de estresse.

Esses são apenas alguns dos efeitos mais evidentes. No entanto, quase todas as células do organismo possuem receptores para o cortisol, o que implica que quase todas podem sofrer sua influência (Carlson, 2002).

Em termos neurofisiológicos, a resposta de estresse pode ser considerada também como uma resposta emocional. As mesmas vias e estruturas utilizadas para o controle das respostas de medo e raiva são funcionais para a reação de estresse. Basta lembrar o conceito de Cannon para que se perceba a relação. Luta ou fuga são duas respostas comportamentais da raiva e do medo, e ambas estão ligadas a respostas do organismo em contextos aversivos.

Efeitos da cronicidade do estresse

Os efeitos de desativação de algumas funções (como a sexual ou a digestiva) acompanham a superestimulação de outras. As respostas comportamentais do estresse tanto podem ser adaptativas quanto inadaptativas. As respostas iniciais (o estado de alerta) incluem, por exemplo, o aumento da capacidade de memória e das funções sensoriais e perceptivas, além do aumento da euforia. Em contraste, a cronicidade desse estado pode diminuir sensivelmente as mesmas funções, provocando efeitos contrários, como perda de memória e disforia (González & Escobar, 2002; McEwen, 2000).

Várias pesquisas têm demonstrado tais efeitos. Estudos com sobreviventes de campos de concentração da Segunda Guerra Mundial demonstraram que eles têm maior propensão a desenvolver doenças do que pessoas de mesma idade e mesma condição social (Cohen, 1953 *apud* Carlson, 2002). Cobb e Steptoe (1996) mediram os eventos estressantes e a susceptibilidade a doenças do trato respiratório em 107 voluntários adultos, com idade entre 18 e 65 anos. Nesse estudo, os participantes foram entrevistados sobre os acontecimentos estressantes ocorridos nos últimos doze meses, e medições desses eventos foram realizadas nas quinze semanas que durou a pesquisa. Também foram medidas as práticas de saúde (sono, padrão de consumo de fumo e álcool, exercícios físicos) e o humor disfórico dos participantes. Os resultados confirmaram que os eventos estressantes, mais do que as práticas de saúde, foram correlacionados ao aparecimento de processos infecciosos no trato respiratório.

Sapolsky (1986, 1996) demonstrou que a exposição prolongada ao estresse provoca a destruição de neurônios na região CA1 do hipocampo. Essas lesões, por sua vez, estão relacionadas à perda da capacidade de memória, tanto em animais (ratos) quanto em humanos.

Além dos efeitos citados, podemos elencar ainda infertilidade, aumento da pressão arterial, inibição do crescimento (provocado pela diminuição crônica do hormônio do crescimento), danos musculares (incluindo as doenças osteomusculares relacionadas ao trabalho – DORT) e, o efeito mais conhecido, diminuição da eficácia da resposta imunológica. Todas estas conseqüências debilitadoras do organismo devem ser resultado do aumento da circulação do cortisol na situação de estresse crônico (Carlson, 2002).

Pelletier (1997) salienta que uma série de estudos tem demonstrado que o estresse apresenta alta correlação com as doenças cardíacas, além de interferir significativamente em outras enfermidades, como o diabetes, doenças da tireóide e transtornos psiquiátricos. Achados como os de Wood e outros (1984, *apud* Carlson, 2002) indicam que a reação de estresse na infância pode predizer a presença de hipertensão arterial na vida adulta.

Estresse crônico também está relacionado à diminuição da resposta de cicatrização. Pesquisas com cuidadores de portadores da doença de Alzheimer, comparando-os a controles que não prestam esse tipo de cuidado, revelam que este grupo apresenta um tempo maior para cicatrizar pequenas feridas no braço – resultado da retirada cirúrgica de tecido cutâneo (Kielcolt-Glaser *et al.*, 1995).

Dados sobre o desenvolvimento neural também têm demonstrado o efeito do estresse sobre o cérebro de infantes. Uno e outros (1989, *apud* Carlson, 2002) descobriram forte relação entre estresse intenso durante a infância e danos cerebrais em macacos *vervet*; e o principal efeito encontrado foi uma nítida diminuição de corpos celulares no hipocampo.

Indivíduos que passaram por tortura apresentam maior degeneração em áreas subcorticais do que outros que nunca estiveram expostos a esse tipo de evento traumático (Jensen *et al.*, 1982, *apud* Carlson, 2002).

Carlson (2002) afirma que filhotes nascidos de ratas submetidas a estresse no período pré-natal sofrem um processo de inibição da androgenização causado pelo cortisol. Este também é responsável pelo aumento da intensidade de reação ao estresse nos filhotes, o que pode ser explicado pelo crescimento do número de receptores desse hormônio no cérebro dos animais.

Crianças que passaram por algum tipo de abuso infantil (físico ou sexual) têm maior probabilidade de desenvolver transtornos como o de personalidade *borderline* (limítrofe) e anti-social, transtornos de conduta, hiperatividade e déficit de atenção (TDAH), estresse pós-traumático e problemas de aprendizagem (Bremmer, 1999; Teicher, 2002). Tais efeitos seriam mediados por uma série de disfunções provocadas pelos hormônios do estresse na região do hipocampo, amígdala esquerda, e por uma diminuição significativa do desenvolvimento do hemisfério esquerdo. O hipocampo, como já apontado por Sapolsky (1996), Herbert (1997) e McEwen (2000), possui uma grande quantidade de receptores de cortisol (mais do que a maioria das outras regiões cerebrais). Obviamente, esse hormônio deve ter mais efeitos sobre essa região. Um evento traumático, como o abuso sofrido durante a infância, pode resultar na diminuição de corpos celulares, reduzindo, então, a eficiência do hipocampo. Os resultados comportamentais desse decréscimo celular se refletem em perda de memória e conseqüente redução da capacidade de aprendizagem.

Na amígdala, o efeito deletério (e dos níveis exacerbados de cortisol) de uma situação traumática, como o abuso infantil, se reflete na mudança da estrutura molecular da região, que sofre uma diminuição acentuada dos receptores do neurotransmissor inibidor GABA (ácido gama-aminobutírico). A amígdala está envolvida nas repostas emocionais de medo e raiva e a mediação do controle destas reações passa pela resposta inibidora do GABA (Bears *et al.*, 2002; Carlson, 2002; Kolb & Wishaw, 2002). Assim, com menos inibição, as respostas aos eventos emocionais são mais fortes.

Evidências extraídas de estudos eletroencefalográficos de indivíduos que desenvolveram algum transtorno psiquiátrico e sofreram abuso sexual ou físico na infância demonstram que o córtex do hemisfério esquerdo deles era menos desenvolvido que o direito. Efeito contrário foi constatado nos grupos controles, ou seja, o hemisfério esquerdo é mais desenvolvido que o direito (Teicher, 2002). O hemisfério esquerdo, na maioria das pessoas, medeia funções como a fala e o raciocínio matemático, e o hemisfério direito mais as funções que exigem coordenadas espaço-temporais e emoções (mais especificamente as negativas).

Em estudo realizado por Schiffer, Teicher e Papanicolaou (1995), foram medidos os potenciais evocados (ativação cortical induzida) em doze pessoas que passaram por situações de abuso na infância e doze indivíduos controles sem histórico de abuso. Foi solicitado aos sujeitos que lembrassem de uma situação na qual a experiência emocional foi praticamente neutra (por exemplo, a rotina diária no trabalho ou na escola) e mediu-se os potenciais evocados; depois, com a ajuda de um psiquiatra, foi conduzida uma entrevista de quinze minutos de duração, na qual se questionou sobre a infância do sujeito e sua família. Nas duas situações, pediu-se aos indivíduos que julgassem, mediante uma escala que variava de zero a cinco, a intensidade afetiva dessas experiências. Os resultados demonstraram que aqueles que haviam passado por trauma infantil experienciaram maior atividade assimétrica para o hemisfério esquerdo (maior atividade neste hemisfério do que no outro). Porém, a assimetria se invertia quando se tratava de eventos traumáticos (maior atividade do hemisfério direito). Nos outros sujeitos (grupo controle), as divergências não foram tão significativas.

Essa diferença de ativação dos hemisférios para emoções negativas entre vítimas de abuso infantil pode preconizar um integração hemisférica deficiente (diminuição da eficiência na comunicação entre os dois hemisférios) e um armazenamento de lembranças negativas preferencialmente no hemisfério direito. Com a diminuição da integração, o controle dessas memórias é deficiente, podendo torná-las intrusivas (pensamentos recorrentes) a ponto de invadir o curso do pensamento do indivíduo (Schiffer, Teicher, Papanicolaou, 1995).

Mizoguchi e outros (2000) submeteram ratas grávidas a situações de estresse e descobriram que a descarga de cortisol e adrenalina no organismo da mãe sensibilizaram as áreas controladoras da liberação desses hormônios no encéfalo de seus filhotes. Depois de nascidos, eles apresentaram uma secreção prolongada de adrenalina e cortisol sob situações de estresse. Este aumento, por sua vez, interferiu na liberação de dopamina (DA) no córtex frontal (hipofrontalidade), diminuindo o desempenho em tarefas de aprendizagem espacial. Os animais estressados tratados com drogas agonistas da DA melhoraram sua performance nessas tarefas.

Psiconeuroimunologia

Selye, no clássico livro *The stress of life*, de 1956, comenta que seu interesse pelo estresse surgiu de uma velha indagação sua da época em que ainda era estudante de graduação. Ele se perguntava como doenças com agentes etiológicos tão distintos podem produzir reações comportamentais tão semelhantes nos pacientes (agitação, angústia, tristeza), e por que as pessoas, mesmo tendo tratamentos idênticos, melhoravam em tempos distintos.

Selye ficava ainda mais intrigado com o fato de as pessoas com mais sintomas psicológicos sofrerem por mais tempo, enquanto outras, com humor mais equilibrado, pareciam melhorar mais rapidamente.

O questionamento de Selye é bastante antigo. Hipócrates, há mais de dois mil e quatrocentos anos, especulava sobre o efeito dos humores nas doenças e a capacidade de cura das pessoas. A sabedoria popular (senso comum) há muito tempo aponta (ainda que sem explicar como nem por quê) uma íntima relação entre o estar/ficar doente e o estado emocional das pessoas. Muitas práticas rituais de xamãs, feiticeiros(as) ou vodus fundamentam-se na crença de que um ato mágico pode desferir uma calamidade sobre alguém. Os contos populares são recheados de histórias de indivíduos que acreditavam estar possuídos por forças malignas; como o esforço de parentes e amigos para mantê-los saudáveis não surtiam efeitos, eles vinham a falecer em decorrência de suas crenças de possessão (Helman, 1994; Sapolsky, 1998).

O efeito placebo – quando uma substância inócua é capaz de conseguir o mesmo resultado terapêutico que uma substância ativa – também comprova a força que a sugestão (a crença) tem sobre a capacidade de resistência às doenças.

Na década de 70, uma nova área de conhecimento desenvolveu-se com o intuito de estudar especificamente os efeitos dos eventos psicológicos sobre as doenças: a psiconeuroimunologia (PNI). Dentre seus maiores expoentes e feitos, podemos citar os trabalhos de Ader e colaboradores, que conseguiram demonstrar a possibilidade de o sistema imune ser condicionado (mediante condicionamento respondente), o que poderia explicar por que as pessoas podem ter o curso de suas doenças alterado por fatores psicológicos.

Muitos estudos têm demonstrado que questões psicológicas podem afetar substancialmente a situação médica de um indivíduo (Rocha, 2002). No DSM-IV-TR (APA, 2000), existe uma codificação especial para os assim chamados "Fatores Psicológicos Afetando Condições Médicas" (código do transtorno: 316), que se trata da "presença de um ou mais fatores psicológicos que afetam adversamente uma condição médica geral". Estes fatores podem influenciar o curso e o tratamento da doença, assim como podem, também, constituírem-se como fatores de risco adicional para a ocorrência e a precipitação dos sintomas (APA, 2000; Kielcolt-Glaser *et al.*, 2002; Rocha, 2002; Stoudemire & Hales, 2000).

O estresse tem grande destaque entre esses fatores psicológicos, uma vez que o conjunto de reações químicas desencadeado por tal estado atinge diretamente a função imunológica do indivíduo.

Como apontado anteriormente, a resposta fisiológica do estresse está fortemente correlacionada a uma série de enfermidades. Dentre elas destacam-se, pela ordem de evidências: 1) doenças do trato respiratório; 2) doenças do trato gastrointestinal; 3) doenças cardíacas; 4) doenças dermatológicas; 5) câncer e doenças renais (Rocha, 2002).

Apesar de a correlação ser alta, os estudos não são tão robustos a ponto de discriminar a influência exata do estresse nas doenças. Basicamente as pesquisas realizadas (principalmente em seres humanos) são correlacionais, ou seja, apontam uma co-ocorrência de fenômenos, mas não qual a variável etiológica, ou quem causa o quê. Esta seria a prerrogativa dos estudos experimentais; no entanto, a maioria das pesquisas nessa área são quase-experimentais.

Basicamente, o sistema imune tem origem nas células brancas do tecido sangüíneo (leucócitos) que são produzidas pela medula, estimuladas por fatores químicos liberados pelo timo. A reação imunológica pode ser dividida em dois tipos de reações (Carlson, 2002):

1. **Não específica**: reação inflamatória em reação a lesões em algum tecido provocadas por bactérias, fungos ou vírus. Esta reação faz aumentar a circulação sangüínea no local e a permeabilidade dos capilares. O maior fluxo sangüíneo facilita a chegada ao lugar da lesão de leucócitos fagocitários, que tentarão combater os microorganismos invasores. No caso de uma infecção viral, as células infectadas produzem um peptídeo (interferon) que interfere na capacidade reprodutiva do vírus. Além dos leucócitos fagocitários e do interferon, um terceiro elemento, as células *natural killer* (linfócito especializado em fagocitose de células doentes ou dispensáveis), está presente no tecido, atuando sobre as células infectadas ou cancerosas.
2. **Específica**: este tipo de reação é subdividida em duas outras:

   a) **Reações mediadas por substâncias químicas** (que envolvem anticorpos): todo microorganismo invasor possui uma forma de identificação (o antígeno) que informa para o organismo infectado sua natureza. Isso ajuda o organismo a combater o agente infeccioso através da produção de anticorpos específicos. Uma dessas estruturas responsáveis pela liberação de anticorpos é o linfócito B, que em contato com o microorganismo invasor secreta imunoglobulinas que estimulam o funcionamento do sistema imune.

b) **Reações mediadas por células** (linfócitos T): os linfócitos T são especializados na produção de anticorpos. Essas substâncias ficam acopladas à superfície da célula e, ao entrar em contato com os microorganismos invasores, elas os destroem, ou então, quando não são eficientes para isso, enviam sinais para outras células que auxiliam o organismo no combate aos invasores. Essa comunicação entre os leucócitos se dá através das citocinas, que estimulam a divisão celular; entre elas, a interleucina 1 e a interleucina 2 são fundamentais para o funcionamento do sistema imune, além de estimularem a atividade das células *natural killer*.

Os hormônios corticosteróides – neste caso, o cortisol mais especificamente – provocam interferência na comunicação entre os leucócitos, diminuindo a efetividade das interleucinas (Sapolsky, 1992, *apud* Carlson, 2002).

O controle neural do sistema imunológico é realizado a partir do núcleo central da amígdala, que mantém conexões com o núcleo paraventricular do hipotálamo, que libera CRH em vários centros cerebrais (um deles já citado neste capítulo: o eixo HPA).

O estresse agudo tem como principal conseqüência o aumento da eficiência do sistema imune pela maior mobilização de leucócitos na pele; já o estresse crônico pode suprimir essa resposta pela ação do cortisol sobre as citocinas.

Os estudos sobre a ligação entre os fatores psicológicos e as doenças já estão bastante adiantados, porém, muitas respostas ainda não são conhecidas. As evidências, apesar disso, se acumulam a favor dessa relação. Além das doenças já mencionadas, a artrite, o diabetes e as doenças auto-imunes pioram quando os pacientes estão sob estresse crônico (Carlson, 2002). Outras evidências indicam que a depressão e a tristeza (componentes presentes como conseqüências do estresse crônico) possuem uma correlação negativa com os níveis de imunoglobulina A (IgA) – substância que faz a primeira linha de defesa contra microorganismos que infectam o corpo pelas vias aéreas (Carlson, 2002).

Kielcolt-Glaser e outros (2002), citando o estudo de Kielcolt-Glaser e Glaser (1995), apontam evidências de que o estresse crônico, em pacientes com câncer de seio, interfere na atividade das células *natural killer*, diminuindo sua eficiência.

Apesar de o câncer não ser um agente externo de infecção (é desencadeado por mecanismos genéticos), o estresse pode desregular as atividades de reparo no DNA celular além de interferir no processo de apoptose (morte natural de células). Sobre este tópico, são recomendadas as excelentes revisões de Kielcolt-Glaser e colaboradores, citadas posteriormente nas referências deste livro.

Como destacado no início do capítulo, não se pretendeu realizar uma revisão exaustiva do tema, mas apenas introduzir o leitor em alguns aspectos fundamentais na área da neurobiologia do estresse, suas conseqüências sobre a saúde e sua importância dentro do cenário da Psicologia.

Descrevemos uma série de medidas fisiológicas e marcadores necessários para a compreensão do estresse em nível psicofisiológico. Pensamos que tanto para o estudante quanto para o profissional é fundamental ter uma boa noção e um bom conhecimento de alguns processos orgânicos, uma vez que estes são centrais e freqüentemente determinantes no estabelecimento e na manifestação de comportamentos e emoções.

No capítulo seguinte, abordaremos aspectos referentes, especificamente, ao estresse ocupacional e cargas de trabalho.

2. Estresse ocupacional e cargas de trabalho

Roberto Moraes Cruz
Clarissa Guiliani Scherer[*]
Cristiani do Nascimento Peixoto[**]

As mudanças econômicas, sociais e tecnológicas, pelas quais a sociedade tem passado nas últimas décadas, atingem substancialmente a vida dos homens, individual e coletivamente. A automação crescente dos processos de produção – sustentada pela rápida transformação do conhecimento científico –, a informatização, o desenvolvimento dos meios de comunicação de massa – a base para a "globalização" –, entre outros fatores da vida moderna, dão novos rumos e sentidos ao trabalho e provocam grande impacto sobre as condições de vida dos trabalhadores, seja pelos benefícios alcançados com os novos adventos, seja mediante as adversidades impostas pela velocidade dessas transformações. Nesse contexto, os trabalhadores ficam expostos a inúmeros eventos estressantes e podem apresentar uma série de comprometimentos biopsicossociais. Ambientes de

[*] Psicóloga e mestre em Psicologia pela Universidade Federal de Santa Catarina.
[**] Psicóloga e mestre em Psicologia pela Universidade Federal de Santa Catarina.

trabalho dinâmicos também levam à necessidade de uma constante adaptação, exigindo dos trabalhadores estratégias para enfrentar os novos desafios.

As doenças ocupacionais geram custos e danos para as organizações e os trabalhadores, quando não se desenvolve um ambiente de trabalho adequado, que propicie bem-estar. Reinhold (1985) define estresse ocupacional como um estado desagradável decorrente de aspectos do trabalho, que o indivíduo considera ameaçadores à sua auto-estima e ao seu bem-estar. Ambientes que favorecem o contato com fatores estressantes – como, por exemplo, excesso de atividades, longa jornada de trabalho, pressões, medo de perder o emprego –, podem acarretar adoecimento e absenteísmo. Conforme apontado por Figueroa (2001), os elementos percebidos na situação de trabalho podem agir como estressores e podem conduzir a reações de tensão e estresse. Se os estressores (por exemplo: ambigüidade de funções, conflito de funções, incerteza com respeito ao futuro no trabalho) persistirem, e se os indivíduos perceberem sua potencialidade de confrontação como insuficiente, então poderão produzir-se reações de estresse psicológicas, físicas e de conduta e, desta maneira, levar eventualmente à doença e ao absenteísmo.

Muitas vezes as atividades de trabalho possuem agentes estressores para o indivíduo; contudo, o tipo de agente e a sua manifestação se diferenciam pela situação e pelo contexto ocupacional, bem como se modificam de pessoa para pessoa. Cooper, Dewe, O' Driscoll (2001) mostram que tanto o estresse ocupacional quanto o *burnout* e a exaustão emocional são manifestações de tensão no trabalho e são produtos da interação entre fatores ambientais e percepções e comportamentos do indivíduo. Essas manifestações não residem isoladamente no ambiente ou no indivíduo, mas são os resultados de transações dinâmicas que ocorrem entre esses elementos.

No entanto, é necessário compreender o estresse ocupacional como um processo composto por inúmeras variáveis, dos fatores ambientais aos psicossociais e pessoais, não atribuindo como fator único nem o ambiente nem o indivíduo. Tamayo e Troccoli (2002) salientam que novas pesquisas devem ser desenvolvidas no Brasil para se continuar a explorar a influência de variáveis que envolvem processos de transição entre o indivíduo e o ambiente, identificando-se os fenômenos que atingem a saúde do trabalhador, tais como o estresse ocupacional, o *burnout* e a exaustão emocional.

No início do século XX, afirma Lipp (1996), a causa mais freqüente de morte era a infecção; hoje são as doenças cardiovasculares, e o nível de estresse tem sido um dos fatores que mais contribuem para o agravamento desse quadro. A autora avaliou cem pessoas que procuravam tratamento para estresse numa amostra de 51 mulheres e 49 homens, entre 25 e 45 anos de idade. As variáveis estudadas, conceituadas como fontes internas, foram o padrão tipo A de comportamento (cujos componentes, competiti-vidade e pressa, poderiam atuar para criar estresse) e as crenças irracionais. Os resultados apontaram que 73% dos pacientes com estresse exibiam o padrão A de comportamento. Foi verificado também que 65% dos pacientes tinham a crença de precisarem ser absolutamente competentes, inteligentes e merecedores de todo o respeito; 51% consideravam que deviam ter absoluto controle sobre as coisas. Não foram observadas diferenças entre os sexos.

O tipo A de comportamento, citado nessa pesquisa, é definido como um padrão direcionado para as realizações pessoais e com elevadas metas de desempenho. Envolve competitividade, agressividade, impaciência e uma sensação de premência no tempo, e pode ser identificado também em pessoas que possuem um ritmo rápido de vida, que procuram fazer cada vez mais coisas em curtos períodos de tempo, concentrando-se em várias atividades simultaneamente, e tendendo a fazer rapidamente coisas como comer, beber e andar.

Baseada nos resultados apontados em sua pesquisa, Lipp (1996) destaca a importância de estudos que avaliem o estresse do povo brasileiro, identificando suas fontes externas e internas com maior precisão. Albrecht (1988) comenta que o caráter destrutivo do estresse tem provocado uma série de problemas para as empresas – do aumento do absenteísmo e da rotatividade a problemas relacionados com drogas e uso abusivo de álcool, baixo rendimento individual e dos grupos, insatisfação e menores índices de produção. Com certeza, o estresse não se constitui mais em um problema abstrato para as empresas, uma vez que pode afetar a saúde do trabalhador e a produtividade.

As exigências da ocupação, o excesso de tarefas, a redução de funcionários, a necessidade de manter-se empregado e a deterioração das relações de trabalho são alguns dos fatores que contribuem para o aparecimento do estresse. Segundo Jacques (2002), as condições e os ambientes de trabalho melhoraram bastante nos últimos anos, reduzindo as altas taxas de morbidade e de mortalidade dos trabalhadores, principalmente nos países mais desenvolvidos. Contudo, mesmo nesses países, em várias atividades, os agravos à saúde permanecem, resultando em taxas elevadas de acidentes e doenças ocupacionais, principalmente envolvendo pessoas desprotegidos pelas leis previdenciárias. De outro lado, as transformações técnicas e organizacionais introduzidas nos processos de trabalho têm suscitado desgaste no trabalhador, revelado por distúrbios orgânicos, psíquicos ou mistos, como hipertensão, doenças coronárias e digestivas, estresse e tensão. A autora refere-se às condições físicas, químicas e biológicas do ambiente, que atuam sobre o físico do trabalhador; as que implicam na organização de trabalho relacionam-se a hierarquia, controle, ritmo, estilo gerencial, e repercutem sobre a saúde psíquica, gerando adoecimento. Ela afirma que esse quadro se agrava em países como o Brasil, onde coexistem relações primitivas ao lado de métodos modernos de gestão, e, em geral, um estilo gerencial autoritário. Atualmente os novos modelos de gestão envolvem um perfil de liderança voltado para inovação. De acordo com Senge (2002), um líder com esse perfil atua como professor e facilitador, incentivando as pessoas da organização, de maneira geral, a desenvolver habilidades voltadas para a criatividade, mas em muitos postos ainda se encontram estilos de liderança com modelos autoritários que facilitam a continuidade do que Jacques (2002) chama de relações primitivas de trabalho.

Um outro conceito discutido na área de saúde do trabalho pela ergonomia e pela psicologia do trabalho, que tem relação com o estresse ocupacional, é o de *carga de trabalho* – associado pelos ergonomistas à necessidade de quantificação e de objetividade. Segundo Cruz e Corrêa (2000) a carga de trabalho é composta por pelo menos dois aspectos: o físico e o mental. As cargas físicas se referem às exigências de desempenho corporal necessárias à realização de uma tarefa, já as mentais envolvem as condutas cognitivas e afetivas associadas à elaboração das tomadas de decisão e seus respectivos processos motivacionais. Para esses autores, o processo cognitivo se refere a desenvolvimentos individuais que evidenciam a existência de diferentes estilos de perceber, tratar e organizar as informações. Wisner (1994) observa que os pesquisadores abandonaram a expressão fadiga por causa de sua imprecisão e a substituíram por carga de trabalho, como objeto de estudo. Ele afirma que todo trabalho apresenta, pelo menos, três aspectos: físico, cognitivo e psíquico, e cada um deles pode determinar uma sobrecarga.

Do ponto de vista fisiológico, a carga de trabalho é a expressão da intensidade da atividade laboral exercida pelo indivíduo, cujo conhecimento é de ampla aplicação na área da saúde do trabalhador. Wisner (1994) comenta que surgiram várias discordâncias sobre o uso dos termos fadiga, medida da carga física e mental. Para Seligmann-Silva (1994), a carga de trabalho representa o conjunto de esforços desenvolvidos pelo indivíduo para atender às exigências de suas tarefas. Esse conceito envolve esforços físicos, cognitivos e emocionais. Além disso, afirma que as análises realizadas pelos ergonomistas objetivam compatibilizar as cargas de trabalho com a condição humana, e que essa compatibilização deve respeitar as características e as necessidades fisiológicas, psicológicas e sociais do trabalhador. Seligmann (1994) lembra que, na Suécia, uma integração importante entre as abordagens da psicofisiologia e da psicologia social verificou-se por volta dos anos 70, com a publicação de vários estudos e investigações realizados por Gardell e Frankenhauser (1976), enfatizando aspectos qualitativos e quantitativos da carga de trabalho. As questões quantitativas se referem ao volume de trabalho mental exigido dentro de uma unidade de tempo – neste caso, o trabalhador precisa executar determinada tarefa e tem um tempo estipulado para sua finalização. Os aspectos qualitativos envolvem o nível de complexidade do trabalho e a possibilidade de aplicação, ou seja, referem-se ao nível de conhecimentos e capacidades que o indivíduo possui para realizar tarefas complexas.

A discrepância entre tarefa (prescrição do trabalho) e atividade (o trabalho como é realizado), por exemplo, traz conseqüências para a organização do trabalho em termos da natureza da tarefa em si e das relações profissionais. Os autores mostram que, ao se colocar o indivíduo em estado de esforço permanente para dar conta da realidade – muitas vezes, incompatível com seus investimentos psicológicos e seus limites pessoais –, gera-se sofrimento. Um estudo realizado por Souza e Silva (1998), sobre os riscos de ocorrência de distúrbios psiquiátricos menores para a categoria de motoristas e cobradores, revelou que, quanto à saúde, os cobradores relatam mais queixas que os motoristas e os funcionários da manutenção. Somente as queixas musculoesqueléticas eram mais prevalentes entre os motoristas. Além disso, os cobradores mostravam-se mais insatisfeitos com sua ocupação, manifestando um maior desejo de mudança de categoria ocupacional do que motoristas e trabalhadores da manutenção. Em relação à organização do trabalho, os cobradores realizavam um número menor de pausas entre as viagens e ficavam mais sujeitos a mudanças de escala, evidenciando que as necessidades de cumprimento da programação da linha impunham maiores sacrifícios ao cobrador. Foi observada, na pesquisa, uma associação significativa dos distúrbios psiquiátricos menores[1] com as condições de regulagem do banco, o tipo de trânsito, o absenteísmo, o tempo de trabalho na empresa e a alteração na escala e o déficit de sono (dormir menos de seis horas diárias). Afirma Souza e Silva (1998) que, no Brasil, são raros os estudos sobre saúde mental e trabalho, campo ainda pouco explorado pelos pesquisadores.

Para a linha anglo-saxônica, o estresse ocupacional resulta do excesso de mobilização exigido do indivíduo para adaptar-se às demandas do contexto de trabalho (Moraes, Marques, Kilimnik, Ladeira, 1995). Dentro dessa perspectiva, França e Rodrigues (1999) alertam para o fato de que o trabalho pode remeter a situações estressantes, percebidas pelo trabalhador como ameaças às suas necessidades de realização pessoal e profissional e/ou à sua saúde física ou mental. Nesse caso, o ambiente de trabalho em que o indivíduo está inserido contém exigências excessivas dos recursos por ele disponibilizados, prejudicando sua interação não só com a atividade laboral, mas também com todo o ambiente de trabalho. Couto (1987) destaca também o desgaste provocado pela exposição prolongada do trabalhador às exigências psíquicas de seu ambiente de trabalho.

Nas teorias que tomam o estresse como categoria mediadora entre o trabalho e a saúde, há uma grande preocupação, por um lado, com as doenças cardiovasculares e, por outro, com o esgotamento e o *burnout*, que são manifestações psicopatológicas diretamente vinculadas ao estresse. A pesquisa realizada por Rocha

1 São caracterizados por um rol de sintomatologias depressivas e neuróticas que não constituem morbidade psiquiátrica clássica, mas manifestação de sofrimento psíquico, que pode, inclusive, ter manifestações somáticas (Souza & Silva, 1988).

e Debert-Ribeiro (2001) apresenta dados que permitem relacionar estresse, trabalho e bem-estar do trabalhador. A fim de ilustrar esses aspectos, o estudo teve como participantes 533 analistas de duas empresas de processamento de dados. Entre as repercussões do trabalho sobre a saúde, foi observada maior prevalência de sintomas de estresse. A alta freqüência dos distúrbios relacionados a esse problema apareceu associada a prazos curtos e à sobrecarga de trabalho, resultantes do impacto político-social do trabalho desenvolvido e também da pressão exercida pelos usuários dos sistemas. Os resultados do estudo sugerem, assim, que as repercussões sobre a saúde dos analistas de sistemas estão associadas às exigências do trabalho.

No que se refere às manifestações físicas do estresse em trabalhadores, a Canadian Health Association revela que 60% dos trabalhadores canadenses apresentam estresse negativo, sendo que desses, 89% apresentam efeitos psíquicos adversos. No Brasil, faltam estatísticas a esse respeito, porém, diante do quadro de instabilidade econômica e social do país, que acaba por afetar diretamente as condições de trabalho, estima-se que essa porcentagem não deve diminuir. Em Israel, em um estudo realizado pelo Occupational Health and Rehabilitation Institute e pela Tel Aviv University, com 1.859 trabalhadores do sexo masculino, atribuiu-se associação positiva entre eventos estressantes relacionados ao trabalho e queixas somáticas, ansiedade, irritabilidade e depressão.

Com base no pressuposto de que o estresse faz parte da vida humana, sendo, ainda, exacerbado pelas exigências da sociedade moderna, é possível afirmar que ele está presente em todos os contextos de trabalho. Diante disso, é importante o reconhecimento dos agentes potencialmente estressores ao trabalhador para que sejam utilizados de forma a estimular o desempenho e a satisfação sem facilitar o desencadeamento dos aspectos negativos do processo de estresse. Cooper e outros (1988, citado por Moraes, Marques, Kilimnik, Ladeira, 1995) observaram que a propensão ao aumento do estresse em contextos de trabalhos específicos estaria vinculada a variáveis distribuídas e categorizadas em seis grandes grupos, considerados fontes potenciais de tensão e de estresse para o trabalhador, a saber: os fatores intrínsecos ao trabalho (condições de salubridade, jornada e ritmo de trabalho, riscos potenciais à saúde do trabalhador, sobrecarga, introdução de novas tecnologias, natureza e conteúdo do trabalho); o papel do indivíduo na organização (ambigüidade e conflito de papéis); o inter-relacionamento (com os superiores, os colegas e os subordinados); fatores ligados ao desenvolvimento e ao progresso do trabalho em sua carreira (congruência de *status*, segurança no emprego e perspectiva de promoções); o clima/estrutura da organização (ameaças potenciais à integridade do indivíduo, sua autonomia e sua identidade pessoal); a interface casa/trabalho (aspectos comuns entre o estresse ocupacional e os eventos pessoais fora do trabalho, ou seja, a dinâmica macro e psicossocial do estresse).

A partir do trabalho de Cooper, Stora (citado por Arantes & Viera, 2002) apresenta um diagrama (Figura 2) sobre estresse profissional, traduzido do francês por Arantes (Arantes & Vieira, 2002). Benevides-Pereira (2002) adverte que "a utilização do termo estresse profissional nem sempre é a mais adequada, na medida em que se tem verificado que a atividade é mais decisiva do que propriamente a profissão, mesmo porque nem sempre é necessário um vínculo trabalhista" (p. 46).

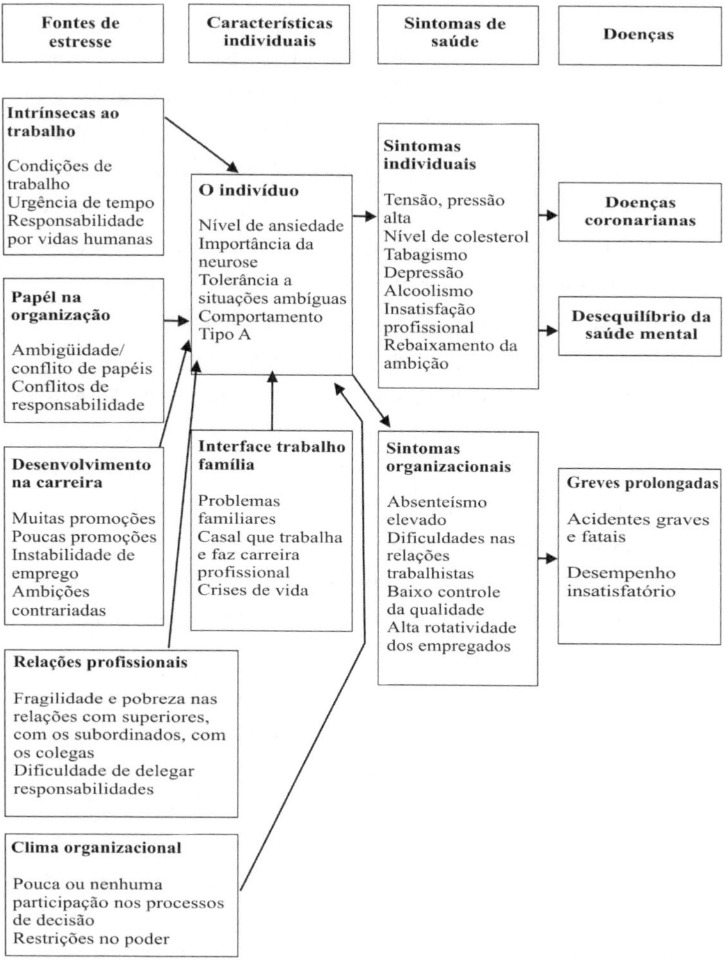

Figura 2: Modelo de estresse profissional.

Esta ilustração do estresse ocupacional permite a sua visualização como um processo em que o desgaste não só atinge o trabalhador, por meio de sintomas tanto somáticos quanto psíquicos, mas também repercute no local de trabalho. Isso porque quando o estresse provoca o desgaste do indivíduo, ele passa a apresentar comportamentos que prejudicam o desenvolvimento do seu trabalho e afetam todo o contexto laboral. Em vista disso, Moraes e outros (1995) defendem que a melhoria do desempenho não fica, assim, desagregada dos esforços para uma maior atenção às necessidades individuais do ambiente de trabalho. Resta às organizações aceitarem que os custos físicos e psicológicos do estresse podem estar diretamente inter-relacionados com os seus aspectos econômicos. A sua presença pode ser diagnosticada na apatia, na fadiga, na ansiedade e na baixa motivação percebida na força de trabalho, o que necessariamente determina algum tipo de impacto sobre a produtividade, sobre o número de acidentes e sobre a performance individual e coletiva dos trabalhadores (Moraes *et al.*, 1995, p. 14).

Em meio a essas discussões de eventos que se apresentam no ambiente de trabalho e que influenciam não só as atividades ocupacionais, como também as condições individuais do trabalhador, destaca-se a relação entre saúde e trabalho.

No capítulo seguinte abordaremos os principais aspectos necessários para a compreensão da medida e/ou avaliação do fenômeno estresse – não somente o ocupacional, priorizando os instrumentos de avaliação cognitiva e de comportamentos, e não os exames físicos.

3. Métodos e medidas de avaliação do estresse

Os modelos teóricos existentes sobre estresse nos proporcionam evidências suficientes da presença desse fenômeno, objeto ou condição, em diversas situações, ambientes e momentos de nossa vida. Além das áreas de conhecimento descritas anteriormente, que estudam o fenômeno com mais propriedade ou especificidade, a Psicologia da Saúde e do Trabalho, com bastante freqüência, reconhecem a presença dessa variável no estabelecimento de fisiopatologias e psicopatologias, bem como, sua associação a diversos processos relacionados às psicopatologias do trabalho (como o *burnout*, por exemplo).

Possuímos diversas evidências empíricas e alguns modelos teóricos bastante sólidos e elaborados que nos têm permitido compreender esse fenômeno sob diversos aspectos e dimensões. Além disso, nas últimas décadas, a psiconeuroimunologia e as neurociências têm trazido cada vez mais evidências das relações existentes entre processos cognitivos e emoções e seus correlatos fisiológicos, ou alterações decorrentes da interação entre esses aspectos, como podemos constatar no primeiro capítulo deste livro. No tocante à área de intervenção, existem diversas técnicas ou procedimentos bastante eficientes para minimizar alguns sintomas do estresse, tais como, relaxamento, *biofeedback*, visualização de imagens, dentre outros que serão explorados no capítulo quatro. Em contrapartida, de certa forma carecemos de instrumentos, técnicas e, mais especificamente, testes psicológicos que avaliem diversas dimensões do estresse.

Nesse sentido, partindo do pressuposto que concordamos com a afirmação anterior, é necessário perguntar: Qual a dificuldade em operacionalizar o acesso a esse fenômeno sob o ponto de vista de um diagnóstico ou de uma avaliação mais objetiva?

Dado a multidimensionalidade dos objetos estudados ou abordados pela psicologia, assim como a interface de alguns eventos "psicológicos" com outras ciências, quando abordamos qualquer fenômeno, um dos primeiros trabalhos do pesquisador ou do psicólogo é delimitar seu objeto de estudo ou seu foco da intervenção. No campo da avaliação psicológica, freqüentemente a primeira pergunta a fazer é: o que desejo compreender, identificar, acessar ou medir quando pretendo entender meu objeto de estudo?

Para explorarmos melhor esta questão, utilizaremos o modelo teórico de avaliação psicológica proposto por Cruz (2002), enfatizando a necessidade de delimitar o objeto a ser avaliado e esclarecer algumas questões pertinentes à avaliação do estresse.

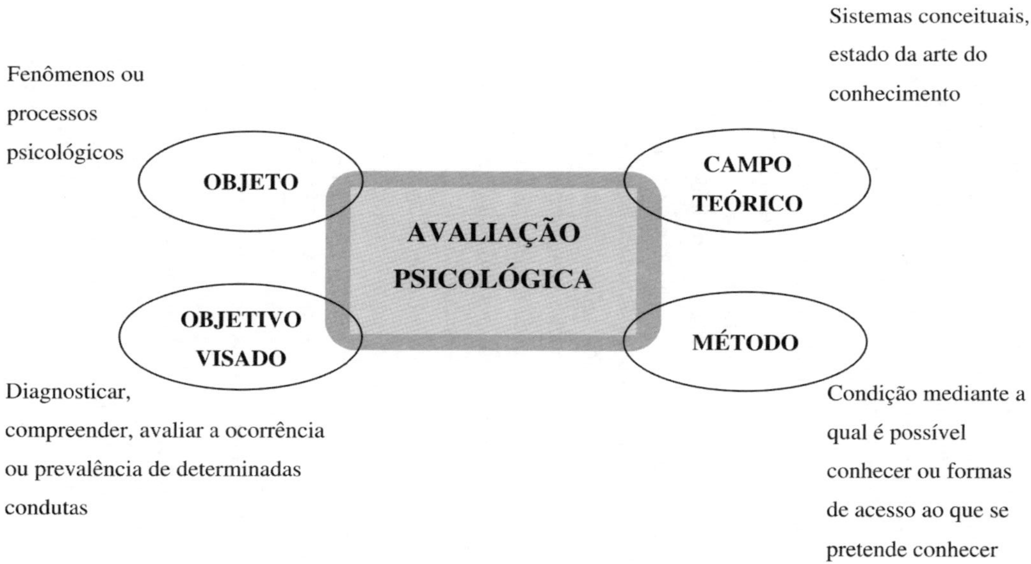

Figura 3. Esquema de definição da área de conhecimento da avaliação psicológica segundo características do campo teórico, objeto, objetivo e método.
Fonte: Cruz (2002)

Embora o esquema de Cruz (2002) tenha sido utilizado inicialmente com a proposta de delinear e definir o campo disciplinar da avaliação psicológica enquanto área de conhecimento, podemos utilizar esse modelo explicativo para examinar com mais clareza o estresse enquanto fenômeno a ser avaliado.

Iniciaremos tratando de alguns conceitos utilizados por Cruz (2002) em seu modelo teórico. Podemos definir o objeto a ser avaliado como o fenômeno ou o processo psicológico ou psicobiológico a ser investigado. O objetivo visado diz respeito aos fins e aos propósitos da avaliação, que podem estar vinculados à necessidade de estabelecer diagnóstico, compreensão ou avaliação de uma situação, estabelecer relações entre fenômenos, dentre diversas outras possibilidades. O campo teórico abarca os sistemas conceituais, os construtos, os modelos compreensivos e o estado de arte sobre um tema. O método pode ser definido como as formas de acesso ao fenômeno a serem utilizadas, ou ainda como a operacionalização do processo de avaliação.

O modelo acima descrito nos permite refletir sobre o processo de avaliação do estresse como fenômeno psicológico a partir de diferentes prismas ou enfoques. O primeiro aspecto a ser observado é a dimensão teórica, dado que existem freqüentemente diversos modelos teóricos sobre um mesmo fenômeno. No tocante ao estresse, embora todos os teóricos atuais compartilhem de certa forma com a maioria dos pressupostos propostos pelos estudos de Selye, existem outras abordagens orientadas segundo os critérios diagnósticos do DSM-IV, psicanalíticos ou psicodinâmicos e cognitivo-comportamentais, dentre outros.

De certo modo, podemos dizer que as abordagens teóricas em geral tendem a estruturar seus modelos explicativos e compreensivos sob certos processos: a) focalizando a identificação dos agentes estressores, b) enfatizando a forma como os indivíduos processam, lidam ou respondem a estímulos estressores, ou c) abordando especificamente os sintomas do estresse. Genericamente, podemos classificar os modelos teóricos em três grandes grupos, segundo seu foco:

1. nos estímulos ambientais;
2. na estrutura do sujeito ou na resposta ao estímulo;
3. na interação entre sujeito-ambiente.

Partindo desses pressupostos, e sabendo das divergências entre abordagens teóricas distintas, é importante termos claro que diferentes abordagens teóricas compreendem alguns fenômenos de formas bastante distintas ou eventualmente até contraditórias. Se tentássemos colocar os fenômenos abordados pelas correntes psicológicas ou pelos modelos teóricos num *continuum*, poderíamos representá-los segundo o modelo descrito abaixo na Figura 4.

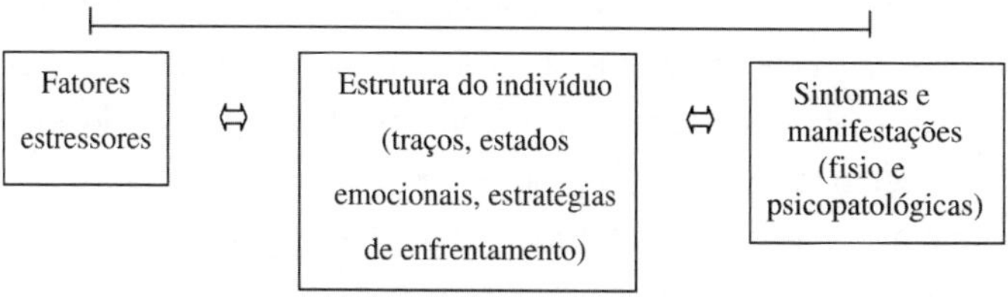

Figura 4. *Continuum* dos processos abordados por diferentes modelos teóricos do estresse.

Através deste exemplo, podemos perceber que as abordagens psicológicas ou correntes tendem a focalizar sua compreensão sobre um fenômeno e, de certa forma, sua visão de homem e de mundo, enfatizando e privilegiando mais o ambiente, o ser humano ou a interação entre ambos. É claro que essa visão excessivamente paradoxal se encontra bastante diluída, mas ainda é presente em alguns modelos que abordam certos objetos de forma unidimensional. No que se refere à compreensão teórica do estresse, dada a multidimensionalidade do fenômeno, o pesquisador ou o clínico é quase que forçado pelo objeto de estudo a olhá-lo de uma forma mais integradora, considerando suas várias dimensões.

O objeto de avaliação, embora distinto do marco teórico, freqüentemente é mediado por uma leitura teórica. Nesse sentido, é importante salientar que o objeto de avaliação é o construto, o fenômeno ou o processo psicológico a ser investigado. No que se refere à construção de determinado instrumento psicológico, é extremamente importante que o seu usuário tenha clareza sobre o marco teórico utilizado pelo autor do teste, uma vez que diferentes teorias têm concepções diferentes de um "mesmo" fenômeno. Por exemplo: um teste que avalie a depressão, pode estar considerando-a como traço ou estrutura de personalidade, estado emocional, sintomas ou mesmo outros fenômenos associados a ela. Em geral, o instrumento de avaliação do estresse pode centrar-se na existência e na identificação de eventos estressantes em um determinado período, na manifestação de sintomas psicológicos e orgânicos decorrentes do estresse ou associados a ele, ou nas estratégias de enfrentamento diante de eventos estressantes. Nas últimas décadas, poucos estudos ou modelos teóricos utilizados nessa área abordam fatores referentes à estrutura de personalidade.

Cabe salientar mais uma vez que os fenômenos ou os processos a serem investigados sempre têm uma leitura teórica, mas sua existência, se assim podemos dizer, é independente do modelo teórico. Em última análise, o objeto da avaliação diz respeito ao fenômeno a ser investigado, compreendido ou avaliado, e não à compreensão teórica ou ao marco teórico sob o qual o construto foi desenvolvido.

No que se refere ao objetivo da avaliação psicológica, pode-se destacar a identificação, a descrição e a classificação dos comportamentos, bem como diagnosticar, compreender e proporcionar subsídios para intervenções (Cunha, 2001; Cruz, 2002; Pasquali, 2001). Partindo dessa definição, podemos descrever alguns objetivos na avaliação do estresse:

1. identificar, compreender ou mensurar situações, fatores ou eventos estressantes;
2. diagnosticar sintomas orgânicos ou psicológicos do estresse (ex: tensão muscular, sudorese, alterações do sono, perda do apetite, irritabilidade, depressão, ansiedade, déficits cognitivos, dentre outros);
3. identificar e compreender estratégias de enfrentamento ou respostas do sujeito a eventos estressantes;
4. estabelecer prognósticos.

Em todas as situações citadas, o objetivo mais amplo da avaliação é estabelecer um diagnóstico ou uma hipótese diagnóstica visando uma intervenção sobre determinada situação ou comportamento já estabelecido, ou mesmo evitá-los a partir de um diagnóstico preventivo. Um outro objetivo bastante freqüente é entender como uma situação se estruturou. Por exemplo, quando uma pessoa procura um serviço psicológico queixando-se de sintomas facilmente identificados como decorrentes de uma situação estressante ou respostas a ela, o trabalho de psicólogo clínico teria, inicialmente, como objetivo principal, realizar um diagnóstico diferencial, para ter certeza de que se trata de uma transtorno de estresse pós-traumático (se for o caso), identificar a situação desencadeadora dos sintomas e, posteriormente, propor uma intervenção (que não necessariamente deve ser realizada pelo avaliador).

O método utilizado na avaliação de um fenômeno ou de um processo está intrinsecamente ligado ao objeto a ser avaliado, ao sujeito, ao ambiente onde acontecerá a avaliação e aos propósitos dela, e não necessariamente vinculado às preferências metodológicas do pesquisador ou do clínico. Pensamos que a melhor analogia para descrever a escolha do método é o mito de Procustuo, que sempre tentava adequar seus hóspedes a uma determinada cama. Quando o hóspede era maior que ela cama, seus braços ou suas pernas eram cortados para que ele se ajustasse à cama; quando era menor, seus membros eram alongados. O mito de Procustuo ilustra o antimétodo, ou seja, a adequação do objeto de estudo ou fenômeno ao método.

Cabe salientar que, partindo dos pressupostos acima descritos e de diversos critérios metodológicos e de pesquisa, bem como de nossa prática clínica, o método é, com bastante freqüência, uma das últimas etapas a ser pensada num processo de avaliação, investigação ou conhecimento de algo.

Alchieri e Cruz (2003) abordam com propriedade o papel do avaliador e do método no processo de avaliação quando descrevem que

> [...] um processo de avaliação psicológica depende, particularmente, da atitude orientada para a compreensão do que se quer avaliar, da habilidade do avaliador em escolher estratégias e procedimentos (recursos metodológicos e técnicos) específicos às necessidades oriundas das demandas por avaliação (objetivo visado). Adotar recursos metodológicos significa escolher caminhos que, muitas vezes, precisam ser reorientados sistematicamente (p. 36).

A compreensão desses autores, dentre outros, corrobora a visão que temos sobre o perfil do avaliador no que se refere ao uso de métodos e técnicas de avaliação – com destaque para seu papel de pesquisador, uma vez que necessita ter uma atitude orientada para a compreensão do fenômeno, e não ser apenas um mero aplicador de um método ou de técnicas. O avaliador necessita muito mais de um olhar diagnóstico do que um arsenal de técnicas e instrumentos. Por outro lado, associado ao olhar clínico, exige-se uma constante atualização metodológica pertinente à busca de técnicas e métodos desenvolvidos para avaliar determinados fenômenos.

Com o intuito de descrever os principais métodos utilizados no processo de avaliação psicológica, faremos uma explanação sobre este assunto e, posteriormente, apresentaremos alguns dos instrumentos e das técnicas mais freqüentemente utilizados na avaliação do estresse.

Embora existam muitas taxonomias e classificações dos métodos de avaliação e dos tipos de instrumentos, essa questão não será o foco do nosso estudo, já que existem trabalhos suficientes que discutem o assunto com muita propriedade.[2]

A princípio os métodos utilizados no processo de avaliação psicológica podem ser classificados em cinco grandes categorias: 1) medidas fisiológicas; 2) observação de comportamentos; 3) entrevistas; 4) testes psicológicos, e 5) técnicas projetivas – embora estas não sejam usadas com muita freqüência na compreensão do estresse. Além desses métodos, existem os critérios diagnósticos do DSM-IV para estresse pós-traumático e outras patologias associadas ao estresse, que sempre devem ser considerados pelos profissionais da área como um ótimo recurso diagnóstico, mesmo que existam algumas críticas com relação aos critérios nosológicos e à taxonomia dos DSMs.

As medidas fisiológicas geralmente são realizadas em laboratórios de psicologia experimental e neurociências ou clínicas especializadas, e consistem em medir respostas fisiológicas do estresse. Dentre os exemplos mais comuns de medidas à disposição, podemos citar: temperatura da pele, reatividade cardiovascular, respostas musculares, níveis de cortisol sérico ou salivar, técnicas de neuroimagem funcional (nos casos de estresse pós-traumático), comparações do número de linfócitos, e outras respostas relacionadas ao sistema involuntário ou autônomo (Lipp, 2003; McEwen, 2000; Morgan *et al.*, 2002; Newport & Nemeroff, 2000).

Por exemplo, Morgan e outros (2002) mediram os níveis de cortisol, a variabilidade da taxa cardíaca e os sintomas de *burnout* em 41 soldados que participavam de um treinamento de qualificação para combate de mergulhadores. As medidas foram realizadas

2 O leitor interessado pode se remeter as obras de Cronbach (1996) e Pasquali (1996, 1999, 2001).

antes do início do treinamento e durante o mesmo. O estudo visou descrever as alterações no eixo HPA e no sistema autônomo em decorrência dos sintomas de *burnout,* e também verificar se tais alterações psicofisiológicas tinham alguma interferência sobre o desempenho dos soldados nos testes do referido treinamento.

As observações consistem, em geral, no registro de condutas pré-categorizadas ou comportamentos relacionados ao estresse, utilizados em situações *in loco*, de interação social, ou ainda com grupos específicos, como crianças e idosos ou com outros indivíduos ou grupos, para os quais a entrevista ou a testagem não se mostram muito adequadas ou apresentam limitações. Entretanto, durante a utilização de uma outra técnica, ou método, o avaliador sempre deve estar atento à manifestação de comportamentos.

As entrevistas podem ser estruturadas, semi-estruturadas ou abertas. A entrevista semi-estruturada é freqüentemente a técnica mais utilizada, só ou associada a outra técnica. Sua abordagem talvez permita uma melhor compreensão da história de vida do sujeito – a presença de outras patologias, o uso de medicações, a percepção de situações relacionados a eventos estressantes, as relações familiares, e outros aspectos relacionados à singularidade, à subjetividade, às nuances e às peculiaridades do sujeito.

O uso dessa técnica possibilita ao avaliador estabelecer uma relação entre fatores, bem como compreender a interação entre alguns aspectos relevantes. Entretanto, exige do profissional um bom domínio de conhecimento na área para o estabelecimento de uma seqüência de perguntas pertinentes e fluidas. Todavia, essa técnica pode deixar a desejar ou apresentar algumas limitações quando se trata de estabelecer padrões de comportamento, comparações entre indivíduos ou grupos e resultados quantitativos.

Exemplificando as duas modalidades de coleta de dados (observações e entrevistas), Palácios e outros (2002) estudaram o sofrimento psíquico de bancários (que exercem a função de caixa) em seu ambiente de trabalho, identificando, mediante observações e entrevistas, as situações que causavam estresse neles. Foi observada a rotina de trabalho dos caixas da retirada do dinheiro do cofre do banco (para seus caixas) até a conferência do movimento diário no final do expediente ao público. Com este exemplo, acreditamos que o leitor possa constatar a riqueza que as duas técnicas proporcionam para a compreensão do ambiente do sujeito bem como de sua subjetividade.

Uma outra nuance dessa técnica de diagnóstico ou especificidade da entrevista, é quando ela é predominantemente orientada ou guiada pelos critérios do DSM-IV. Segundo o DSM-IV-TR (APA, 2002), os transtornos associados ao estresse estão incluídos ou fazem parte dos transtornos associados à ansiedade. Na versão revisada do DSM-IV, encontramos duas categorias nosológicas referentes ao estresse: o estresse pós-traumático e o estresse agudo.

Segundo o manual, as características essenciais do estresse pós-traumático estão relacionadas ao desenvolvimento de sintomas após a exposição do indivíduo a estressores extremos, envolvendo diretamente experiências pessoais atuais ou anteriores, risco de vida ou sérios danos físicos ao sujeito ou a pessoas próximas (como seqüestro, estupro, acidentes de trânsito, catástrofes naturais, etc.). A incidência desse transtorno na população norteamericana está em torno de 8%, sendo que em algumas populações específicas – como militares em combate ou pessoas vítimas de abuso sexual – a incidência pode variar entre 30% e 50%. O estresse pós-traumático pode ocorrer em qualquer idade, cultura, grupo social ou gênero, embora existam poucos estudos epidemiológicos específicos.

No Brasil, carecemos de estudos epidemiológicos que nos permitam ter uma maior compreensão da magnitude desse transtorno. Devido a isso, estudos de regiões específicas podem ajudar na compreensão da abrangência e da presença desses sintomas na população brasileira. Com efeito, Sparrenberger e outros (2003) realizaram um levantamento dos casos de estresse entre 3942 pessoas maiores de vinte anos, residentes no município de Pelotas (RS). Para tal estudo, foi utilizada uma escala de faces que deveria representar o estado emocional predominante no ano anterior à entrevista. Os participantes também foram questionados quanto a sua avaliação do próprio "nervosismo" e quanto ao julgamento que faziam da percepção dos outros sobre o seu "nervosismo". Os resultados demonstraram que a prevalência de distresse[3] foi sensível ao instrumento utilizado. Na escala de faces a prevalência medida foi de 14%, na autopercepção do nervosismo foi de 31,8% e na autopercepção do julgamento dos outros foi de 33,2%. Os escores de distresse nos três instrumentos foram maiores para as mulheres do que para os homens (17,3%, 37,8% e 36,5% contra 9,7%, 23,8% e 28,7%, respectivamente nas três escalas). Também foi significantemente maior entre indivíduos com

3 É a incapacidade para superar a vivência de experiências estressantes, causando desgaste ao indivíduo e levando à ruptura do bem-estar individual.

idade variando entre quarenta e cinqüenta e nove anos, e com baixo nível de escolaridade.

No tocante aos critérios diagnósticos de DSM, a principal diferença entre o estresse pós-traumático e o agudo diz respeito ao tempo de manifestação e permanência dos sintomas – um mês para o estresse agudo e três meses ou mais para o estresse pós-traumático. Abaixo descrevemos os critérios diagnósticos para estresse pós-traumático (309.81) segundo o DSM-IV-R (APA, 2002, p. 467-8).

A. A pessoa foi exposta a um evento traumático em que um dos dois aspectos abaixo ocorre:

(1) A pessoa experienciou, testemunhou ou foi confrontada com um evento ou eventos envolvendo risco de vida ou dano físico para si mesma ou para outros.

(2) A resposta da pessoa foi de medo, desespero ou terror intenso (obs.: se for uma criança estes comportamentos podem ter sido manifestados na forma de comportamentos desorganizados ou agitados).

B. O evento traumático foi reexperienciado em uma ou mais formas ou circunstâncias:

(1) Lembranças recorrentes e intrusivas do evento, incluindo pensamentos ou percepções (obs.: em crianças, brincadeiras repetitivas alusivas ao tema ou com aspectos comuns podem ocorrer).

(2) Sonhos ou pesadelos sobre o evento estressante (obs.: em crianças podem ocorrer sonhos com conteúdo irreconhecível).

(3) Agir ou sentir-se como se o evento estivesse se repetindo; incluindo sentimentos de reviver a experiência,

ilusões, alucinações, *flashbacks* (obs.: em crianças, atuações ou dramatizações sobre o tema podem ocorrer).

(4) Intenso estresse psicológico quando exposto a estímulos internos ou externos ou situações semelhantes.

(5) Reatividade fisiológica à exposição a estímulos internos ou externos ou situações semelhantes.

C. Evitação constante de estímulos associados ao trauma em três ou mais situações:

(1) Tentativa ou desejo de evitar pensamentos, sentimentos ou conversas relacionadas ao trauma.

(2) Tentativa ou desejo de evitar atividades, lugares ou pessoas que relembram o trauma.

(3) Inabilidade em lembrar um importante aspecto do trauma.

(4) Redução evidente do interesse em participar de atividades anteriormente significativas.

(5) Sentir-se abandonado ou como um estranho para os outros;

(6) Redução de afeto (ex: inabilidade em sentir amor).

(7) Perda de sentido do futuro (ex: sem expectativas em ter uma carreira, casamento, crianças ou uma vida normal).

D. Sintomas persistentes (ausentes antes do evento) em dois ao mais aspectos:

(1) Dificuldade em dormir ou permanecer acordado.

(2) Irritabilidade ou hostilidade.

(3) Dificuldade de concentração.

(4) Hipervigilância.

(5) Respostas súbitas exageradas.

E. A duração do transtorno (sintomas dos critérios B, C e D) é superior a um mês.
F. O distúrbio causa sintomas estressantes significativos ou diminuição do funcionamento social, ocupacional ou outra área importante.

Especificar se o transtorno é agudo ou crônico.

Os critérios diagnósticos do DSM-IV-TR (APA, 2002) descrevem uma série de sintomas orgânicos e psicológicos e comportamentos relacionados ou associados à exposição a um evento estressante, enfatizando, inclusive, a compreensão da manifestação desses sintomas pré ou pós-exposição a uma condição estressora e ao grau ou intensidade do sintoma para considerá-lo significativo. Nesse sentido, o diagnóstico proposto pelo manual é bastante criterioso, uma vez que sugere a realização de um diagnóstico diferencial em alguns casos. Além disso, a presença dos sintomas não é significativa se eles não estiverem vinculados à existência de um evento estressante. É interessante ressaltar que em diversos subitens das letras C e D encontramos sintomas de ansiedade ou depressão, o que evidencia a presença desses sintomas associada aos quadros de estresse.

Embora existam críticas ao DSM, no que concerne a sobreposição de certos sintomas em alguns transtornos, a ineficiência dos critérios diagnósticos para algumas patologias é a visão unidimensional ou dicotômica em algumas condições. Esse manual tem sido considerado de grande valia por diversos profissionais de saúde, mostrando-se extremamente importante para o estabelecimento de diagnósticos diferenciais e para a comunicação interdisciplinar, quando usado com propriedade. Quando associado a outras técnicas, permite a realização de um diagnóstico bastante amplo e preciso.

Ao longo da história da avaliação psicológica – principalmente nos países de língua inglesa e com maior produção e tradição na construção de instrumentos de avaliação –, diversos testes psicológicos têm sido construídos utilizando a sintomatologia de alguns transtornos segundo os critérios do DSM, o que facilita a criação de um instrumento para avaliar determinado construto ou fenômeno, uma vez que, de certa forma, o fenômeno a ser investigado ou o construto já está previamente definido.

Em nossa cultura, arriscaríamos dizer que, entre os psicólogos os testes são freqüentemente muito mais utilizados do que os critérios diagnósticos propostos pelo DSM, entretanto, a entrevista, sem outra técnica ou instrumento de suporte, parece ser o método mais utilizado.

Os testes psicológicos podem ser definidos de diversas formas. Com o intuito de esclarecer o leitor sobre nosso enfoque teórico, apresentaremos definições propostas por alguns autores. Para Anastasi (2000), um teste psicológico é uma medida objetiva e padronizada de uma amostra de comportamento. Cronbach (1996) define teste como um procedimento sistemático para observar o comportamento e descrevê-lo com a ajuda de escalas numéricas ou categorias fixas. Segundo Pasquali (2001), teste é um conjunto de tarefas pré-definidas que o sujeito precisa executar numa situação artificial, na qual, mediante alguns procedimentos padronizados, seu comportamento será observado, descrito, julgado e expresso geralmente em números.

A partir dessas definições, é possível constatar que os testes psicológicos são técnicas eminentemente quantitativas, que visam compreender objetivamente determinados fenômenos, construtos e variáveis, como traços, estados emocionais e sintomas, dentre outras. Sua abordagem e os subsídios fornecidos pelos resultados facilitam a comparação dos indivíduos avaliados com outros grupos, permitindo assim uma contextualização do problema. Os testes psicológicos podem proporcionar também uma menor interferência do avaliador sobre os resultados, além de facilitar a comunicação dos mesmos; associado a isso, o pouco tempo despendido para a realização de um teste é outro fator vantajoso.

Os testes psicológicos têm sido utilizados com relativa freqüência no processo de avaliação psicológica do estresse – utilização esta que não possui peculiaridades ou características distintas do uso desses instrumentos em outras áreas. Pasquali (2001) descreve que os testes psicológicos podem ser utilizados basicamente para cinco finalidades: classificação, promoção de autodesenvolvimento, intervenção psicoterapêutica e psicopedagógica, avaliação de programas e pesquisa científica.

Se pensássemos este pressuposto com um pouco mais de propriedade, poderíamos concluir que freqüentemente seria possível preencher essas cinco finalidades para o uso dos testes na avaliação do fenômeno em questão. Entretanto, quando refletimos sobre a nossa prática clínica e a de diversos outros profissionais, os fins da utilização desses instrumentos na avaliação do estresse geralmente se resumem apenas à classificação e à intervenção psicoterapêutica ou à coleta de dados para pesquisas. Uma outra faceta da utilização dos testes na avaliação do estresse é que freqüentemente eles são usados de forma unidimensional, ou seja, avaliando apenas uma das diversas dimensões do fenômeno. Isso nos dá a impressão de que os testes psicológicos são subutilizados no processo de avaliação psicológica do estresse.

Por outro lado, de acordo com a pertinência do tema, talvez devêssemos dispor ou utilizar com mais freqüência os testes psicológicos, já que, graças às suas propriedades psicométricas, eles permitem uma compreensão mais objetiva da manifestação de um fenômeno. Partindo desse pressuposto, acreditamos que a utilização dos testes na compreensão do estresse e de suas manifestações colaboraria para evitar uma abordagem unidimensional e uma compreensão vaga e, às vezes, até ateórica sobre esse fenômeno.

Diversos pesquisadores já fazem uso desses instrumentos na compreensão do estresse e de suas manifestações, o que de certa forma corrobora a sua eficácia para tal fim. Talvez os psicólogos clínicos também possam, cada vez mais, aumentar a cientificidade de suas avaliações e intervenções, ampliando o escopo de seus diagnósticos, bem como, comunicar seus diagnósticos ou compreensão de forma mais objetiva.

Sem a pretensão de mostrar todas as ferramentas disponíveis ou passíveis de serem utilizadas, a seguir apresentaremos uma revisão de alguns instrumentos e testes psicológicos que pensamos serem os mais adequados – e que são mais utilizados no Brasil na avaliação do estresse –, com o intuito de colocar o leitor em contato com diferentes tipos de instrumentos e suas finalidades.

Revisão dos instrumentos de avaliação do estresse

Dada a magnitude da participação do estresse em diversas doenças, sua presença em diferentes situações corriqueiras, a prevalência desse transtorno, seu impacto econômico, ou mesmo em função das suas peculiaridades ou do interesse que desperta na população em geral, não se pode desconsiderar a relevância social e/ou científica desse teste.

Uma das formas de constatar e avaliar a importância do conhecimento produzido em uma área é a sua aplicabilidade a outra, e a circulação ou a existência de publicações científicas, impressas ou eletrônicas, sobre o assunto.

Para dar uma idéia ao leitor da relevância do tema estresse, em uma pesquisa "comum" em qualquer buscador (*site* de busca de informações) convencional da internet (ex: Google, Yahoo), utilizando as palavras "*stress*" ou "estresse", o leitor encontrará com facilidade uma média de vinte mil, e, com freqüência, cem mil sites ou referências.

Em uma pesquisa recente sobre estresse, na base de dados Lilacs, utilizando o descritor de assunto "estresse emocional", foram encontrados no período de 1983 a 2002, 487 trabalhos.

Outra fonte utilizada na revisão dos instrumentos mais adequados e freqüentemente mais utilizados no Brasil para a avaliação do estresse foi a revisão realizada pelo Conselho Federal de Psicologia[4] (Resolução CFP nº 002/2003), que está analisando a qualidade dos instrumentos de avaliação psicológica e técnicas projetivas. Dentre os cento e vinte testes e técnicas submetidos à análise da instituição, podemos elencar cinco testes, dentre os nove instrumentos identificados por nós, como

---

4 Os critérios propostos pelo CFP para a avaliação dos testes psicológicos e das técnicas projetivas, por meio da referida resolução, delimitam diversos atributos e responsabilidades do psicólogo enquanto usuário dos testes, bem como aspectos éticos e técnicos. Entretanto, o material disponível no site do Conselho Federal de Psicologia, não apresenta claramente os critérios adotados na avaliação dos testes e das técnicas, ou deixa pouco claro quais são esses critérios.

próprios ou passíveis de serem utilizados na avaliação do estresse ou de fenômenos associados.

Existem também outras fontes que disponibilizam testes psicológicos, escalas e questionários para avaliar algumas dimensões do estresse, a saber, a *Revista de Psiquiatria Clínica*, que entre 1998 e 1999 publicou uma série de instrumentos de avaliação clínica, e algumas revistas científicas na área de Enfermagem. Entretanto, embora possamos encontrar um número razoável de instrumentos à disposição, eles nem sempre são validados ou apresentam normas claras de aferição.

A partir dessas fontes de referência, da experiência dos autores com as disciplinas de métodos de investigação psicológica, psicologia experimental, psicometria, técnicas de exame psicológico, técnicas projetivas e supervisão de estágio em psicologia clínica, bem como do contato com diversos profissionais da área e de nossa experiência enquanto psicólogos clínicos e/ou pesquisadores que atuam com avaliação, descreveremos e faremos uma breve análise de alguns instrumentos, que têm se mostrado mais adequados para avaliar determinadas dimensões do estresse:

1. Escala de Adaptação Social (Holmes e Rahe);
2. ESI – Escala de *Stress* Infantil (Lipp, M. N. e Lucarelli, M. D. M.);
3. ISSL – Inventário de Sintomas de *Stress* para Adultos (Lipp, M. N.);
4. Inventário de Síndrome de Burnout (Robayo-Tamayo);
5. Inventários de Estratégias de Enfrentamento (diversos autores);
6. Questionário de Saúde Geral (Goldberg);
7. Inventário de Ansiedade Traço-Estado[5] (Spielberg, Gorsuch e Lushene);

8. SCL-90-R, Inventário de Sintomas (Derogatis, A.);
9. Inventários Beck de Depressão e Ansiedade – BDI e BAI (Cunha, J.).

Os instrumentos de avaliação de eventos estressantes foram os primeiros a ser utilizados nesta área. Em geral, esses instrumentos são inventários e consistem em uma lista de diversos eventos estressantes apresentados ao indivíduo para que ele identifique quais os acontecimentos que ocorreram em sua vida em um determinado período. A cada evento, é atribuída uma pontuação prévia.

Escala de readaptação social de Holmes e Rahe

A escala de adaptação social de Holmes e Rahe (1976), descrita na Figura 5, é o instrumento mais conhecido e utilizado nessa área. Consiste na lista de 43 situações estressantes que posteriormente são associadas a uma pontuação que vai de onze a cem – o máximo de pontos passível de ser obtido é 1467. Essa escala inclui tanto acontecimentos reconhecidamente estressantes – como a morte de um ente querido, perdas financeiras ou mudança de ambiente –, quanto experiências agradáveis – como promoção no emprego, aposentadoria ou casamento. Isso reforça a idéia de que o estresse não está relacionado apenas a eventos difíceis, mas, sim, a todo estímulo ou evento excessivo ou percebido como

5 Embora este instrumento não tenha sido aprovado segundo os critérios da revisão realizada pelo CFP, até o presente momento tem sido freqüentemente utilizado na avaliação de alguns sintomas associados ao estresse. Além disso o requerente responsável pelo instrumento informou ao CFP que está realizando pesquisas com o teste psicológico, para atender aos requisitos mínimos dispostos na Resolução CFP nº 002/2003.

tal. Embora esse instrumento seja apenas adaptado à realidade brasileira e não padronizado, e não possua alguns itens importantes, principalmente no tocante a aspectos culturais e relacionados ao trabalho, diversas pesquisas o utilizam como forma de identificar eventos estressantes e mensurar seu impacto. Savóia (1999) tem proposto algumas formas de implementar o uso dessa escala associando-a a outros inventários ou entrevistas complementares.

Segundo Simonton, Simonton e Creighton (1978), "ao usarem esta forma de avaliação objetiva à quantidade de mudanças observáveis na vida das pessoas, Holmes e seus colaboradores foram capazes de predizer o aparecimento de doenças com grande grau de exatidão estatística" (p. 52). De acordo com os autores, 49% das pessoas com mais de 300 pontos na escala declararam ter ficado doentes, enquanto apenas 9% dos indivíduos com menos de 200 pontos apresentaram algum tipo de doença. Entre aqueles com pontuação localizada no terço superior da escala, 90% tiveram doenças no período. Entretanto, mesmo na pesquisa de Holmes, 51% das pessoas com mais de 300 pontos não adoeceram naquele período.

Este fato remeteu os pesquisadores a uma reflexão importante. Talvez mais importante do que a presença de um evento estressante, é a forma como o indivíduo percebe este evento e como responde a ele. Partindo desse pressuposto, uma outra dimensão do estresse tornou-se relevante na avaliação desse fenômeno: a identificação de estratégias de enfrentamento. Nesta outra dimensão, o foco da avaliação recai sobre a forma como o indivíduo maneja ou responde ao evento estressante.

Abaixo descrevemos a escala de Holmes e Rahe, e posteriormente uma das escalas desenvolvidas para avaliar estratégias de enfrentamento, com o intuito de fornecer ao leitor uma clara visão destes instrumentos, e facilitar a demarcação do construto ou dimensão do estresse a ser avaliada por cada um deles.

Assinale os eventos que ocorreram no último ano	
1. Morte do cônjuge	100
2. Divórcio	73
3. Separação do casal	65
4. Prisão	63
5. Morte de alguém da família	63
6. Acidentes ou doenças	53
7. Casamento	50
8. Perda do emprego	47
9. Reconciliação com o cônjuge	45
10. Aposentadoria	45
11. Doença de alguém da família	43
12. Gravidez	40
13. Dificuldades sexuais	39
14. Nascimento de criança na família	39
15. Mudança no trabalho	39
16. Mudança na sua condição financeira	38
17. Morte de um amigo íntimo	37
18. Mudança na linha de trabalho	36
19. Mudança na freqüência de brigas com o cônjuge	35

20. Compra de casa de valor alto	31
21. Término de pagamento de empréstimo	30
22. Mudança de responsabilidade no trabalho	29
23. Saída de filho(a) de casa	29
24. Dificuldade com a polícia	29
25. Reconhecimento de feito profissional de realce	28
26. Cônjuge começou ou parou de trabalhar	26
27. Começo ou abandono dos estudos	26
28. Acréscimo ou diminuição de pessoas morando na casa	25
29. Mudança de hábitos pessoais	24
30. Dificuldade com o chefe	23
31. Mudança no horário de trabalho	20
32. Mudança de residência	20
33. Mudança de escola	19
34. Mudança de atividades recreativas	19
35. Mudanças de atividades religiosas	18
36. Mudanças de atividades sociais	17
37. Compra a crédito de valor médio	16
38. Mudança nos hábitos de dormir	15
39. Mudança na freqüência de reuniões familiares	15
40. Mudança nos hábitos de alimentação	13
41. Férias	12
42. Natal	12
43. Recebimento de multas ao cometer pequenas infrações	11

Figura 5. Escala de readaptação social de Holmes e Rahe.

Existem diversos inventários sobre estratégias de enfrentamento. Cada um desses instrumentos, geralmente, consiste em uma lista de itens com diversos tipos de respostas que ilustram ou descrevem a forma como o indivíduo responde ou lida com um problema. Por exemplo: procurar auxílio, realizar atividades físicas, conversar com outras pessoas, consumir drogas, tentar esquecer o problema, dentre outras possibilidades. As respostas oferecidas podem se apresentar na forma de escalas nominais (sim, não), ordinais (nunca, às vezes, freqüentemente, sempre) ou do tipo Likert, variando geralmente de 1 a 4 ou 0 a 4. Quanto maior a pontuação do indivíduo, maior a probabilidade de ele possuir estratégias de enfrentamento inadequadas ou adequadas à situação, dependendo de como o inventário é estruturado. Em geral, esses instrumentos não são elaborados especificamente para alguma situação, mas podem se mostrar bastante úteis.

Um dos instrumentos mais conhecidos para avaliar estratégias de enfrentamento é o inventário de estratégias de enfrentamento (*coping)* de Folkman e Lazarus (1985). O questionário é composto por 66 itens que descrevem pensamentos e ações que as pessoas podem utilizar para lidar com demandas, internas ou externas, de um determinado evento estressante. A partir do padrão de respostas dado pelo sujeito, é possível compreender quais os tipos de estratégias de enfrentamento empregados por ele.

No Brasil, alguns trabalhos vêm sendo desenvolvidos e publicados por Savóia, Santana e Mejias (1996) e Savóia (1999), adaptando esse instrumento à nossa população. Abaixo descreveremos o *Inventário de Estratégias de Enfrentamento* de Folkman e Lazarus, adaptado por Savoia e outros (1996).

Leia cada item abaixo e indique, fazendo um círculo na categoria apropriada o que você fez na situação

⓪ não usei essa estratégia ② usei bastante

① usei um pouco ③ usei em grande quantidade

1.	Concentrei-me no que deveria ser feito em seguida, no próximo passo.	0	1	2	3
2.	Tentei analisar o problema para entendê-lo melhor.	0	1	2	3
3.	Procurei trabalhar ou fazer alguma atividade para me distrair.	0	1	2	3
4.	Deixei o tempo passar – a melhor coisa que poderia fazer era esperar –, o tempo é o melhor remédio.	0	1	2	3
5.	Procurei tirar alguma vantagem da situação.	0	1	2	3
6.	Fiz alguma coisa que acreditava que não daria resultados, mas ao menos estava fazendo alguma coisa.	0	1	2	3
7.	Tentei encontrar a pessoa responsável para mudar suas idéias.	0	1	2	3
8.	Conversei com outra(s) pessoa(s) sobre o problema, procurando mais dados sobre a situação.	0	1	2	3
9.	Critiquei-me, repreendi-me.	0	1	2	3

10. Tentei não fazer nada que fosse irreversível, procurando deixar outras opções.	0	1	2	3
11. Esperei que um milagre acontecesse.	0	1	2	3
12. Concordei com o fato, aceitei o meu destino.	0	1	2	3
13. Fiz como se nada tivesse acontecido.	0	1	2	3
14. Procurei guardar para mim mesmo(a) os meus sentimentos.	0	1	2	3
15. Procurei encontrar o lado bom da situação.	0	1	2	3
16. Dormi mais que o normal.	0	1	2	3
17. Mostrei raiva para as pessoas que causaram o problema.	0	1	2	3
18. Aceitei a simpatia e a compreensão das pessoas.	0	1	2	3
19. Disse coisas a mim mesmo(a) que me ajudassem a sentir.	0	1	2	3
20. Inspirou-me a fazer algo criativo.	0	1	2	3
21. Procurei a situação desagradável.	0	1	2	3
22. Procurei ajuda profissional.	0	1	2	3
23. Mudei ou cresci como pessoa de uma maneira positiva.	0	1	2	3
24. Esperei para ver o que acontecia antes de fazer alguma coisa.	0	1	2	3
25. Desculpei ou fiz alguma coisa para repor os danos.	0	1	2	3

26. Fiz um plano de ação e o segui.	0	1	2	3
27. Tirei o melhor da situação, o que não era esperado.	0	1	2	3
28. De alguma forma, extravasei os meus sentimentos.	0	1	2	3
29. Compreendi que o problema foi provocado por mim.	0	1	2	3
30. Saí da experiência melhor do que eu esperava.	0	1	2	3
31. Falei com alguém que poderia fazer alguma coisa concreta sobre o problema.	0	1	2	3
32. Tentei descansar, tirar férias a fim de esquecer o problema.	0	1	2	3
33. Procurei me sentir melhor, comendo, fumando, utilizando drogas ou medicação.	0	1	2	3
34. Enfrentei como um grande desafio, fiz algo muito arriscado.	0	1	2	3
35. Procurei não fazer nada apressadamente, nem seguir o meu primeiro impulso.	0	1	2	3
36. Encontrei novas crenças.	0	1	2	3
37. Mantive o orgulho não demonstrando os meus sentimentos.	0	1	2	3
38. Redescobri o que é importante na vida.	0	1	2	3
39. Modifiquei aspectos da situação para que tudo desse certo no final.	0	1	2	3
40. Procurei fugir das pessoas em geral.	0	1	2	3

41. Não me deixei impressionar; recusei-me a pensar muito sobre essa situação.	0	1	2	3
42. Procurei um amigo ou parente para pedir conselhos.	0	1	2	3
43. Não deixei que os outros soubessem da verdadeira situação.	0	1	2	3
44. Minimizei a situação recusando-me a me preocupar seriamente com ela.	0	1	2	3
45. Falei com alguém sobre como estava me sentindo.	0	1	2	3
46. Recusei recuar e batalhei pelo que eu queria.	0	1	2	3
47. Descontei minha raiva em outra(s) pessoa(s).	0	1	2	3
48. Busquei nas experiências passadas uma situação similar.	0	1	2	3
49. Eu sabia o que deveria ser feito, portanto dobrei meus esforços para fazer o que era necessário.	0	1	2	3
50. Recusei a acreditar que aquilo estava acontecendo.	0	1	2	3
51. Prometi a mim mesmo que as coisas serão diferentes da próxima vez.	0	1	2	3
52. Encontrei algumas soluções diferentes para o problema.	0	1	2	3
53. Aceitei, nada poderia ser feito.	0	1	2	3

54. Procurei não deixar que meus sentimentos interferissem muito nas outras coisas que eu estava fazendo.	0	1	2	3
55. Gostaria de poder mudar o que tinha acontecido ou o modo como me senti.	0	1	2	3
56. Mudei alguma coisa em mim, modifiquei-me de alguma forma.	0	1	2	3
57. Sonhava acordado(a) ou imaginava um lugar e um tempo melhores do que aqueles em que eu estava.	0	1	2	3
58. Desejei que a situação acabasse ou que, de alguma forma, desaparecesse.	0	1	2	3
59. Tinha fantasias de como as coisas iriam acontecer, como se encaminhariam.	0	1	2	3
60. Rezei.	0	1	2	3
61. Preparei-me para o pior.	0	1	2	3
62. Analisei mentalmente o que fazer e o que dizer.	0	1	2	3
63. Pensei em uma pessoa que admiro e a tomei como modelo.	0	1	2	3
64. Procurei ver as coisas sob o ponto de vista da outra pessoa.	0	1	2	3
65. Eu disse a mim mesmo(a) que as coisas poderiam ter sido piores.	0	1	2	3
66. Corri, ou fiz exercícios.	0	1	2	3

Figura 6. Inventário de Estratégias de Enfrentamento. (Folkman e Lazarus, adaptado por Savoia *et al.*, 1996)

Podemos perceber que este inventário visa a identificar as diversas estratégias cognitivas e comportamentais que o indivíduo pode utilizar para lidar com situações estressantes.

Segundo tem sido reportado pela literatura, a forma como o indivíduo responde a situações estressantes tanto é determinante para a resolução delas, quanto para o nível de estresse do sujeito e, conseqüentemente, para o desenvolvimento de sintomas (Folkman & Lazarus, 1985; Lipp, 2003). Algumas estratégias de enfrentamento têm se mostrado mais eficazes do que outras para lidar com situações estressantes. As estratégias de enfrentamento, classificadas como passivas ou ativas, podem se mostrar mais adaptativas ou mais desadaptadas e têm se mostrado importantes na manifestação de sintomas orgânicos ou psicológicos.

A partir dos trabalhos de Folkman e Lazarus (1985), diversos estudos relevantes foram desenvolvidos em várias áreas da psicologia da saúde,[6] com o intuito de construir instrumentos que visavam identificar quais estratégias ou respostas determinados tipos de pacientes com doenças crônicas (artrite, lúpus, dor lombar, dentre outras) apresentavam ou como eles lidavam com a cronicidade de sua doença, o seu sofrimento e o estresse decorrente da situação. Atualmente, já podemos identificar estratégias funcionais e disfuncionais em diversos quadros de dor crônica e, principalmente, intervir junto ao paciente para que ele desenvolva estratégias mais efetivas para lidar com sua condição de saúde.

Nesse caso específico, dado que o adoecer é uma situação eminentemente estressante, podemos vislumbrar que a avaliação

---

6 Para uma revisão mais ampla sobre medidas na área da saúde, o leitor deve consultar Stroebe & Stroebe (1995) ou Turk & Melzack (2001).

dessa situação é mais ampla e pressupõe uma dimensão maior que a avaliação do estresse *per se*, como até então falávamos.

A partir desse exemplo, bem como ao longo deste livro, o leitor deve poder perceber que o foco de uma avaliação sobre estresse pode ser muito limitado ou específico (apenas o número de eventos estressantes ocorridos durante um ano), ou bastante amplo ou multidimensional (quais os eventos que ocorreram, qual é a percepção do indivíduo sobre eles, os valores atribuídos, o significado, suas estratégias e ainda quais sintomas se manifestaram diante da situação ou associados a ela). Perante o exposto, podemos pressupor que existem outras importantes dimensões a serem avaliadas. Nesse sentido, um outro objeto importante na avaliação do estresse é o diagnóstico de sintomas associados, decorrentes do estresse ou que compõem o quadro.

A literatura científica tem produzido, há mais de meio século, conhecimentos sólidos sobre a sintomatologia de estresse, identificando diversos sintomas orgânicos mediados pelo sistema nervoso, a saber: sudorese, tensão muscular, distúrbios do aparelho digestivo e do trato respiratório, dentre outros. Além disso, sintomas psicológicos, como depressão, ansiedade e hostilidade, também podem estar freqüentemente associados ao estresse.

Lipp e outros (1998, 2000), uma das maiores referências sobre o assunto no Brasil, desenvolveram dois instrumentos para avaliar sintomas de estresse, que figuram entre os testes mais utilizados no país. Abaixo descreveremos esses instrumentos, segundo dados fornecidos pela editora Casa do Psicólogo.

Escala de *Stress* Infantil – ESI

A ESI foi elaborada por Lipp e Lucarelli em meados dos anos 90, para avaliar estresse em crianças com idade entre 6 e 14 anos. Segundo a autora, as investigações que estavam sendo feitas mostravam a necessidade da avaliação do estresse na infância como forma de contribuir para especificar as intervenções (em níveis clínico, institucional, escolar e familiar) realizadas com as crianças, para propiciar a redução do estresse, evitando o desenvolvimento de doenças e de reações físicas e psicológicas dele decorrentes.

O presente teste, editado pela Casa do Psicólogo, é composto de um manual, um caderno de aplicação e um protocolo de interpretação. A amostra utilizada na normatização do teste foi composta por 255 crianças, com idade entre 6 e 14 anos, de ambos os sexos. A validade do instrumento foi obtida pelo método de validade de construto, mediante a análise fatorial exploratória e confirmatória dos itens. A exploratória evidenciou quatro fatores subjacentes ao construto estresse infantil, e a confirmatória mostrou a correlação entre os quatro fatores demonstrando a existência de um fator geral – estresse – subdividido em quatro dimensões, em razão do conteúdo dos itens. A fidedignidade foi a avaliada pelo método de consistência interna, considerando o coeficiente alfa de Cronbach, que foi de 0,90, indicando portanto uma alta precisão. Esses resultados sugerem que os itens representam uma medida do mesmo atributo.

Além das fortes propriedades psicométricas do instrumento, seu desenvolvimento veio suprir um déficit importante na área de avaliação de estresse infantil, uma vez que não existem outros instrumentos para esta população.

Inventário de Sintomas de *Stress* para Adultos – ISSL

Este instrumento foi elaborado por Lipp e Guevara, em 1994, para avaliar estresse em populações com idade superior a 15 anos. Em 2000, foi adaptado para contemplar uma quarta fase do estresse – a "quase-exaustão" (Lipp, 2000, 2003).

Trata-se de um inventário que visa a identificar a presença de sintomas de estresse, os tipos de sintomas existentes, somáticos ou psicológicos, e a fase em que se apresentam. O teste é composto de manual, caderno de aplicação e protocolo de interpretação. A aplicação pode ser individual ou coletiva, e o tempo de aplicação gira em torno de trinta minutos.

A amostra populacional foi composta de 1.843 sujeitos de ambos os sexos, com idades variando entre 15 e 75 anos. Segundo o manual, o teste também foi construído segundo os mesmos critérios estatísticos do ESI, assegurando a validade e fidedignidade, apresentando também uma boa padronização.

Ambos os testes desenvolvidos por Lipp têm se mostrado excelentes instrumentos no diagnóstico de sintomas de estresse, auxiliando também na identificação de suas fases, o que possibilita uma compreensão mais precisa da magnitude e evolução dos sintomas.

Por outro lado, existem outras dimensões, como as estratégias de enfrentamento, a presença de eventos estressantes e alguns sintomas psicológicos que não são abordados por esses inventários. O que pressupõe a necessidade de utilização de outros instrumentos, visando uma avaliação mais abrangente do sujeito.

Inventário Síndrome de *Burnout* – MBI

De forma um pouco diferenciada do modelo teórico utilizado por Lipp, recentemente foi desenvolvido um instrumento para avaliar a síndrome de *burnout*, quadro que apresenta algumas sintomatologias semelhantes ao estresse, porém associado a outros componentes ambientais específicos.

O Inventário Síndrome de *Burnout* (MBI) foi traduzido e adaptado para o português por Robayo-Tamayo (1997). Segundo Borges e outros (2002), o instrumento é fundamentado no modelo de *burnout* de Maslach (1994, *apud* Borges *et al.*, 2002), que caracteriza essa síndrome como uma resposta a fontes crônicas de estresse emocional e interpessoal no trabalho, e que apresenta três conjuntos de sintomas específicos que a diferencia do estresse ocupacional: exaustão emocional (tristeza, cansaço, ansiedade e outros), despersonalização (ironia e cinismo nas relações interpessoais) e insatisfação com o trabalho. O MBI é composto de 22 itens, com valores que vão de 1 a 5 (escala tipo Likert), indicando com que freqüência o conteúdo sugerido pelo item é experimentado pelo respondente. Segundo Robayo-Tamayo (*apud* Borges *et al.*, 2002), a amostra foi composta de 277 auxiliares de enfermagem e enfermeiros de dois hospitais públicos no Distrito Federal. Foi aplicado um procedimento de análise fatorial (com rotação dos eixos principais) com bons resultados (entre 0.63 e 0.70).

De acordo com Borges e outros (2002), mesmo existindo algumas críticas, o MBI é o questionário mais usado para diagnóstico de *burnout* e nos estudos epidemiológicos desta síndrome. As críticas se referem a certas debilidades psicométricas no que concerne à consistência do fator *despersonalização*. De acordo com os autores, essa fragilidade está provavelmente associada ao próprio processo evolutivo da síndrome, uma vez que a *despersonalização* é o componente que se estabelece por último. Entretanto, o MBI é o questionário que melhor dá conta do caráter multidimensional da síndrome.

Outro aspecto importante é o fato de este instrumento levar em consideração as variáveis *satisfação* e *identidade*, presentes na síndrome, além do conceito de estresse, o que poderá colaborar para a compreensão de outras variáveis encontradas no estresse. Com certeza, estudos mais recentes colaborarão com o aprimoramento deste instrumento, proporcionando assim uma melhor compreensão de outras dimensões do estresse e da síndrome de *burnout*.

Além dos instrumentos já citados, outros menos específicos podem ser utilizados, com outros propósitos. Esses recursos geralmente possuem entre suas subescalas, uma que avalia sintomas de estresse ou ainda outros sintomas psicológicos ou comorbidades freqüentemente associados ao estresse. Para esse tipo de avaliação podem ser utilizados inventários que avaliam estados emocionais como o QSG e o SCL-90-R.

Questionário de Saúde Geral de Goldberg – QSG

O Questionário de Saúde Geral (QSG) foi criado por David Goldberg e validado no Brasil por Pasquali, Gouveia, Andriola e Miranda. Foi publicado em 1996 e possui como finalidade avaliar a severidade de distúrbios psiquiátricos e não psicóticos, servindo como meio de identificação de casos potenciais desses distúrbios na população geral não clínica. O teste pode ser aplicado individualmente ou coletivamente, e o material é composto por caderno de aplicação, folha de respostas, crivos de apuração e manual com normas de aplicação e avaliação.

No Brasil, o instrumento foi normatizado para populações com idade entre vinte e setenta anos, possuindo tabelas para populações clínicas e não clínicas. O QSG foi desenvolvido como apoio ao psiquiatra na detecção de distúrbios psiquiátricos menores, mas, por outro lado, pode também ser utilizado na população normal para se verificar a presença de distúrbios que podem passar desapercebidos ao olho clínico. Este teste possui diversas escalas. Uma delas tem sido apontada por alguns pesquisadores como adequada para avaliar sintomas psicológicos presentes ou associados ao estresse, ainda que inicialmente o instrumento não tenha sido desenvolvido para esse fim.

Segundo a editora Casa do Psicólogo e a avaliação realizada pelo CFP, o QSG apresenta fortes propriedades psicométricas e bons índices de padronização. Por outro lado, embora alguns dos itens que compõem as sub-escalas possam ser úteis na avaliação de sintomas de estresse, existem poucas pesquisas que o utilizam na avaliação do estresse. Talvez a inclusão de uma amostra de populações específicas nas quais o fenômeno esteja presente, possa colaborar para o estabelecimento de um *gold standart* (padrão ouro) ou de uma média para populações submetidas a eventos estressantes.

Symptom Check-List – SCL-90-R

O SCL-90-R, foi desenvolvido por Derogatis, em 1975, segundo os critérios diagnósticos do DSM-II. Foi adaptado para o português do Brasil por Sardá (2000), com o nome Inventário de Sintomas, e validado por Laloni em 2001. É um instrumento de medida de padrões de sintomas psicológicos presentes em um certo período de tempo. Sua função é determinar a dimensão desses sintomas. Não é indicado como medida de personalidade, exceto de forma indireta, para determinados transtornos de personalidade.

O inventário é composto de noventa itens organizados em forma de afirmativas, que se referem aos últimos sete dias, e são pontuadas de 0 a 4 (escala ordinal), associadas às palavras: *nunca, um pouco, moderadamente, freqüentemente, extremamente.* O teste é composto por nove escalas e três índices globais, a saber: somatização, obsessão-compulsão, sensibilidade interpessoal, depressão, ansiedade, hostilidade, ansiedade fóbica, ideação paranóide, distúrbio afetivo e os índices de severidade global, de sintomas positivos estressantes e total de sintomas positivos. O tempo de administração do instrumento é de aproximadamente vinte minutos e é considerado de fácil aplicação e compreensão, podendo, inclusive ser auto-aplicável.

O SCL 90-R foi aplicado em mais de duas mil pessoas nos Estados Unidos e normatizado em quatro categorias: pacientes psiquiátricos internos, externos, população não psiquiátrica adulta e adolescente. Possui uma correlação moderada com o MMPI. Sua fidedignidade foi garantida através de procedimentos de teste re-teste e duas metades (*split-half*) e foi traduzido para mais de doze línguas, totalizando mais de novecentos estudos em diversos países e populações.

O instrumento tem sido utilizado para avaliação de sintomas psicológicos em pacientes psiquiátricos e em pacientes em processo psicoterapêutico, no tratamento farmacológico, em pacientes com transtornos depressivo e ansiógeno, na avaliação de estresse, em quadros de comportamento suicida, de abuso de álcool e substâncias químicas, na disfunção sexual, dentre outros.

As nove escalas que compõem o teste têm se mostrado extremamente úteis na avaliação de diversos sintomas psicológicos. Entretanto, as escalas de somatização (que refletem o estresse em função da percepção de disfunções mediadas pelo sistema autônomo, tais como alterações cardiovasculares, gastrintestinais, respiratórias, dentre outras queixas) e as escalas de ansiedade, depressão e o índice global PSDI (que reflete o estresse relacionado à intensidade de diversos sintomas endossados pelo sujeito) são especialmente úteis na avaliação do estresse, uma vez que refletem a presença de sintomas orgânicos associados ao mesmo, bem como, a presença de ansiedade e depressão, comumente associadas ao estresse. Além disso, o índice global PSDI (índice de sintomas estressantes positivos) é uma excelente medida da percepção do sujeito sobre a extensão e magnitude dos sintomas orgânicos e psicológicos, podendo assim, ser considerado uma excelente medida de estresse. Além disso, alguns trabalhos têm reiterado as propriedades psicométricas deste instrumento.

As pesquisas realizadas por Laloni (2001) na validação deste teste descrevem e reiteram suas fortes propriedades psicométricas. Além disso, alguns trabalhos (Conteratto, 2002; Bruch, 2002; Sarda, 1999; Cruz, 2002) o têm utilizado, respectivamente, na avaliação de alunos submetidos a situações estressantes e no diagnóstico de sintomas psicológicos em populações com dor crônica, obtendo excelentes resultados.

Por se tratar de um instrumento recente em nosso meio, carecemos de um número maior de pesquisas com outras populações, sobretudo com populações sob estresse. Provavelmente, estudos futuros trarão subsídios e motivarão uma maior utilização do SCL-90-R em outras populações.

Além do QSG e do SCL-90-R, existem também outros testes psicológicos que podem avaliar alguns sintomas associados ao estresse (embora não possuam subescalas tão específicas como os instrumentos acima descritos), que podem ser utilizados no diagnóstico de sintomas de depressão e ansiedade. Dentre alguns testes passíveis de avaliar os referidos sintomas, optamos por descrever o inventário IDATE e as escalas Beck.

Inventário de Ansiedade Traço-Estado (IDATE)

O IDATE – Inventário de Ansiedade Traço-Estado foi elaborado por Spielberg, Gorsuch e Lushene em 1964, traduzido e adaptado por Biaggio e Natalício, e publicado pela editora CEPA, em 1979. Segundo a editora, o IDATE foi desenvolvido para identificar e distinguir dois conceitos de ansiedade: ansiedade-traço e ansiedade-estado. Atualmente vem sendo utilizado para avaliações clínicas, escolares e na psicologia do esporte. O teste pode ser aplicado individual ou coletivamente, e o tempo médio de aplicação é de trinta minutos, e a correção levaria em torno de cinco minutos.

A amostra utilizada pelos autores foi composta de 2679 estudantes, universitários e de segundo grau. Em vista disso, ele é indicado apenas para populações alfabetizadas. O teste é composto de vinte itens para cada escala, sendo que as respostas variam de 1 a 4 pontos (escala tipo Likert), respectivamente associados às palavras: *absolutamente não*, *um pouco*, *bastante* e *muitíssimo*, na escala estado, e *quase nunca*, *às vezes*, *freqüentemente* e *quase sempre*, na escala da ansiedade como traço.

Segundo Alchieri e Cruz (2003), o IDATE possui uma consistência interna que varia entre 0.36 e 0.92, além de ter validade simultânea e de construto em diversas populações e contextos.

A utilização do IDATE na avaliação de processos associados ao estresse possibilita ao avaliador identificar o "tipo" de ansiedade do sujeito (traço ou estado), permitindo a compreensão de como o padrão ou a estrutura do sujeito pode colaborar ou é determinante nas manifestações de ansiedade e estresse diante de eventos estressantes.

No que concerne à avaliação de estresse especificamente, este instrumento pode se mostrar bastante útil, pois diversos sintomas de ansiedade estão presentes em quadros de estresse. Por outro lado, talvez o IDATE careça de estudos com populações específicas, dificultando, assim, a comparação dos escores entre grupos submetidos a eventos estressantes e outros grupos, o que torna complicado o estabelecimento de um padrão-ouro (*gold standart*).

Escalas Beck (BDI, BAI, BHS, BSI)

As Escalas Beck, como são denominadas no Brasil, são constituídas por quatro inventários (medidas escalares) que medem depressão (BDI), ansiedade (BAI), desesperança (BHS) e ideação suicida (BSI). Estes instrumentos foram construídos por Beck e colaboradores em 1961, 1988, 1974 e 1979, respectivamente, e todas as versões apresentaram revisões posteriores. No Brasil, foram validados e padronizados por Cunha, em 2001, embora tenham sido utilizados por diversos anos sem uma validação ou aferição adequada.

O inventário de depressão foi o primeiro a ser criado, inicialmente desenvolvido como uma escala sintomática de depressão para pacientes psiquiátricos, depois passou a ser largamente utilizado tanto com outras populações na área clínica quanto em pesquisas.

Os inventários BDI e BAI são constituídos de 21 afirmações descritivas de sintomas de depressão e ansiedade, respondidas em uma escala de quatro intervalos (com uma pontuação entre 0 a 3), associadas a situações ou sintomas, subentendendo graus crescentes de manifestação. O teste é composto de um manual e folhas de resposta. A aplicação pode ser individual ou coletiva, escrita ou verbal. Nas aplicações orais, entretanto, alguns cuidados devem ser tomados, como em qualquer teste (ex: dificuldades de compreensão, déficits cognitivos, populações idosas).

O BDI e o BAI são indicados para populações com idades superiores a dezessete anos, embora no manual existam algumas tabelas normatizadas para populações mais jovens. A aferição dos resultados é simples e consiste em somar os escores dos 21 itens, compará-los com grupos específicos ou níveis de sintomas (mínimo, leve, moderado e grave).

No tocante à validade, à fidedignidade e à padronização dessas escalas, podemos com certeza afirmar que Cunha e colaboradores fizeram um excelente trabalho, respeitando todos os critérios psicométricos necessários ao desenvolvimento de um bom instrumento psicológico. O BDI e o BAI apresentam validade de conteúdo, validade convergente, validade discriminante, validade de construto (segundo diversos aspectos) e fidedignidade (análise de itens, consistência interna e estabilidade temporal). Além disso, a autora realizou um excelente trabalho de padronização. Sua amostra foi constituída por 4.395 sujeitos, distribuídos em grupos de populações psiquiátricas (diversos tipos de transtornos psicológicos), médico-clínicas (com portadores de fisiopatologias como Aids, cardiopatias, obesidade, entre outras) e não clínicas (população em geral, que incluem amostras de grupos de estudantes, profissionais de saúde, idosos, etc.).

Os inventários Beck de depressão e ansiedade têm se mostrado extremamente úteis na avaliação desses sintomas em diversas populações com características distintas, inclusive possuindo amostras de populações claramente submetidas a eventos estressantes, como pessoas com doenças crônicas ou exercendo profissões ou atividades profissionais consideradas estressantes, ou mesmo submetidas a ambientes estressantes, como, as populações confinadas (presidiários).

A partir dessas qualidades, presentes no BDI e BAI, podemos perceber a superioridade do instrumento sobre outros que avaliam os mesmos construtos, em função do excelente trabalho de normatização desses inventários, sobretudo com populações específicas.

A opção de não descrever outros instrumentos além dos apresentados foi motivada pela ausência de pesquisas com populações sob estresse, ou por serem poucos os estudos com os instrumentos não citados, ou ainda por não serem muito mencionados na literatura nacional, ou também pela pouca familiaridade dos autores com alguns testes.

Ao longo dessa breve revisão sobre algumas técnicas e instrumentos[7] utilizados na avaliação de diversas dimensões do estresse, esperamos que o leitor possa ter vislumbrado algumas características das técnicas descritas e as propriedades psicométricas dos instrumentos, as dimensões ou construtos abordados por cada teste psicológico, suas limitações, as possibilidades de aplicação e as suas indicações de uso.

Não tivemos a pretensão de classificar as técnicas ou testes psicológicos utilizando um sistema hierárquico. Nosso intuito é discorrer sobre o construto/conteúdo de cada teste e, sobretudo, a dimensão do fenômeno a ser avaliado pelo teste. Procuramos, assim, esclarecer o leitor sobre algumas diferenças existentes entre cada instrumento e, principalmente, sobre quais construtos ou conteúdos abordados pelos testes podem ser utilizados em uma

---

7 Infelizmente, dado as implicações éticas referentes à reprodução de testes e seu uso e o formato desta série de livros, não foi possível disponibilizar alguns testes em anexo.

avaliação psicológica do estresse e quais são os seus propósitos, uma vez que para alguns estudantes, psicólogos e pesquisadores iniciantes, o construto estresse muitas vezes parece um pouco vago[8] ou amplo.

No que se refere ao uso dos testes enquanto método de investigação ou compreensão do estresse, um de nossos maiores objetivos neste livro foi ilustrado por duas perguntas iniciais. Por que carecemos de instrumentos, técnicas e, mais especificamente, de testes psicológicos que avaliem diversas dimensões do estresse? Qual a dificuldade em operacionalizar o acesso a esse fenômeno?

Para discorrer melhor sobre o assunto, e tornar mais proveitosa nossa discussão, gostaríamos de nos remeter ao modelo exposto na Figura 3, referente à constituição da área de conhecimento da avaliação psicológica, a partir da definição do modelo teórico, do objeto, do objetivo e do método.

Como exposto anteriormente, dispomos cada vez mais de evidências que suportam os modelos teóricos sobre estresse existentes, permitindo entender esse fenômeno.

No tocante ao objetivo da avaliação, as questões centrais foram delineadas durante este capítulo, podendo ser resumidas em uma interrogação: qual é a sua hipótese na compreensão do fenômeno que você está avaliando ou que busca entender? Uma vez que o avaliador tiver claro qual sua hipótese diagnóstica inicial, em um processo de avaliação, ele saberá quais dimensões do fenômeno em questão deverá investigar.

---

8 Em uma pesquisa realizada com estudantes de psicologia da UNIVALI, no ano de 2002, apenas 35% dos estudantes conseguiram definir o termo estresse com uma certa precisão (Mendonça, 2002).

Nesse sentido, o processo de avaliação é semelhante ao processo de pesquisa, e seus objetivos na avaliação estarão provavelmente relacionados às suas hipóteses diagnósticas preliminares. Portanto, em alguns casos, os objetivos estarão entre os aspectos que influenciarão a escolha do método a ser aplicado na avaliação.

Por outro lado, as questões relativas ao objeto da avaliação estão vinculadas e residem na multidimensionalidade do fenômeno estresse. Partindo desse pressuposto, propomos ao leitor que, primeiramente, pense sobre qual dimensão do estresse o avaliador necessita compreender ou investigar. Em um segundo momento, é necessário pensar no foco da avaliação, que pode ser contemplado, a princípio, de acordo com a seguinte classificação:

1. *ambiente* (identificação e compreensão dos eventos estressores);
2. *sujeito* (avaliação do processamento dos estímulos estressores, aspectos cognitivos, afetivos, culturais e orgânicos relacionados aos estímulos estressores);
3. *interação sujeito-ambiente* (respostas do sujeito mediante estímulos estressores ou ainda a forma como o sujeito medeia os estímulos internos e externos).

Por exemplo, supomos que o objeto de uma avaliação ou de um processo diagnóstico seja a identificação de fatores estressores em uma empresa. Para tal fim, o avaliador talvez necessite apenas de uma observação ou registro. Talvez num segundo momento, o processo implique em avaliar como os fatores diagnosticados como estressantes afetam os sujeitos, ou ainda como os funcionários da empresa lidam com as situações identificadas como estressantes.

Partindo desse pequeno exemplo, podemos observar o quão distinto pode ser o objeto da avaliação, ou ainda as diversas dimensões de um fenômeno.

No que se refere ao método, sem dúvida nenhuma, os testes psicológicos não são os únicos métodos à disposição, não devendo ser utilizados isoladamente. Contudo, seu uso deveria ser mais freqüente, pois eles permitem sempre uma comparação entre grupos, o que é importante na contextualização de um resultado, além das outras propriedades já mencionadas.

Poderíamos dizer, então, que dispomos de instrumentos e técnicas para avaliar diversas dimensões do estresse. Porém, talvez a maior dificuldade do avaliador seja dispor de um olhar multidimensional e de uma atitude orientada para a compreensão do que se quer avaliar, além da habilidade para escolher métodos e técnicas específicas relacionadas às necessidades demandadas pelo objeto e pelo objetivo da avaliação.

Partindo de alguns pressupostos discutidos neste capítulo, poderíamos até afirmar que o objetivo primeiro de um processo de avaliação psicológica é a possibilidade de estabelecer um prognóstico. Na psicologia da saúde e do trabalho e, mais especificamente, na avaliação psicológica do estresse, todo o processo de diagnóstico ou avaliação deve estar centrado na compreensão das variáveis mediadoras e moderadoras da instalação e manifestação do fenômeno e nas possibilidades de intervenção.

4. Pesquisas recentes

No capítulo anterior, quando descrevemos os principais objetos de avaliação do estresse, ressaltamos que os fenômenos mais freqüentemente avaliados são a presença de eventos estressantes, as estratégias de enfrentamento apresentadas ou as respostas, a manifestação de sintomas e seus correlatos psicofisiológicos. Entretanto, esses quatro aspectos do estresse podem apresentar alguns desdobramentos, em geral observados na multiplicidade de temas investigados nessa área; além disso, não dão conta de categorizar o universo de temas pesquisados. Neste capítulo exploraremos algumas áreas de concentração de pesquisas realizadas sobre estresse, não contemplando apenas a área de avaliação psicológica.

De forma mais ampla, podemos definir uma área de trabalho pelo espaço físico ou pelo ambiente de atuação ou pela população com que se trabalha. Essa abordagem bastante primária foi, e ainda é, utilizada por alguns profissionais da psicologia quando definem sua área de acordo com o espaço em que atuam – a saber, organizacional ou do trabalho, psicologia clínica ou educacional. Tal definição, simplista e bastante comprometedora, não reflete a dimensão da produção de um saber ou de uma área de atuação. É como se nos limitássemos a dizer que trabalhamos com estresse em humanos ou animais, ou ainda, estresse na área organizacional ou do trabalho. Embora o exemplo seja bastante primário, elucida perfeitamente nosso ponto de vista pois nos remete ao nosso próximo tópico: "Com qual fenômeno você trabalha?"

Para proporcionar uma visão um pouco mais ampla ao leitor sobre as possibilidades de pesquisa na área, descreveremos alguns dados coletados em uma pesquisa realizada na base de dados LILACS, em meados de 2003.

Utilizando como descritor de assunto o termo *estresse emocional*, e limitando o período da pesquisa até o ano de 2002, foram encontrados 487 trabalhos entre 1983 e 2002. É importante ressaltar que essa base de dados é fonte de referência de pesquisas latino-americanas na área de saúde, e não é especificamente uma fonte de referências apenas da psicologia, o que nos permite ter uma visão um pouco mais ampla dos conhecimentos produzidos sobre o assunto.

Abaixo descreveremos os trabalhos encontrados, segundo a área de conhecimento, a partir de alguns critérios estabelecidos por nós. Optamos por categorizar os trabalhos encontrados de acordo com o idioma de publicação, a fonte de publicação, o tema pesquisado e a utilização de testes psicológicos.

Por se tratar de uma base de dados latino-americana, cerca de 53% dos trabalhos encontrados foram publicados em língua espanhola, 43% em português e 4% em inglês. No que se refere às fontes de publicação das pesquisas em espanhol, a *Revista de Psiquiatria Clínica* (espanhola) foi a maior fonte de referências. No idioma português, as instituições com maior número de publicações foram a USP, a UERJ e a Universidade Ana Nery. As fontes de publicação mais referidas foram o *Jornal Brasileiro de*

Psiquiatria, o *Jornal Brasileiro de Medicina* e a *Revista de Enfermagem da UERJ*, embora exista um universo bastante extenso de publicações científicas (29 veículos dentre as fontes mais freqüentemente referidas e diversas outras fontes).

Optamos por categorizar as áreas de pesquisa ou temas publicados em seis grandes grupos:

1. pesquisas que investigaram o estresse em populações diversas;
2. trabalhos que pesquisaram a relação entre estresse e a manifestação de doenças;
3. estudos na área de psiconeuroimunologia;
4. pesquisas que realizaram ou avaliaram intervenções;
5. trabalhos com um enfoque conceitual;
6. pesquisas em área gerais ou diversas.

Dos 487 títulos encontrados, cerca de 49% (241) das pesquisas foram realizadas com diversas populações específicas. Dada a diversidade dos grupos que englobavam esta grande categoria, descreveremos abaixo os grupos/populações mais freqüentemente pesquisados.

Foram categorizados como gerais 37% dos estudos (90), pois foram realizados com diversos grupos (desportistas, populações sob situações de desastres naturais,[1] pacientes psiquiátricos, adolescentes ou jovens, entre outros); 27% (66 pesquisas) tinham como foco, profissionais de saúde, em especial enfermeiros e médicos; 15% (37 trabalhos) foram realizados com pacientes hospitalizados ou em atendimento ambulatorial; cerca de 15% (36 pesquisas) investigaram estresse em trabalhadores, principalmente

1 Enchentes, desabamentos e furacões, entre outros.

bancários e servidores; e aproximadamente 5% dos títulos (13 trabalhos) versavam sobre estresse entre estudantes de graduação, principalmente do curso de medicina.

No que diz respeito aos assuntos pesquisados, 17,5% dos estudos (85 títulos) foram categorizados como gerais porque versavam sobre diversos temas, bastante heterogêneos. Nesse grupo, os assuntos mais freqüentes foram estudos experimentais ou pesquisas com animais, utilização de medicações, aspectos éticos, ensino e comunicados de congressos, entre outros.

Cerca de 15,5% dos artigos (75 trabalhos) foram agrupadas sob a categoria estresse e manifestações de doenças. Esse grupo englobava pesquisas que investigaram a relação entre o estresse e o desenvolvimento de doenças em situações específicas, ou ainda que tentaram estabelecer uma relação entre determinadas características psicológicas e o aparecimento de doenças.

Um outro grupo bastante significativo de pesquisas foi categorizado como estudos na área de psiconeuroimunologia, representando 9% das pesquisas (44). Em geral, elas versavam sobre a interação entre aspectos psicológicos, neurológicos e imunológicos e eram constituídas por trabalhos experimentais.

Além disso, cerca de 4,5% (21 trabalhos) pesquisaram aspectos conceituais (modelos teóricos e revisões conceituais). Outros 4,5% investigaram variáveis relacionadas a intervenções em populações sob situações estressantes, em geral avaliando os participantes antes e depois da intervenção, visando, assim, a testar sua eficácia ou compará-las com outras formas de intervenção.

No que concerne ao fenômeno pesquisado, poderíamos inferir que o maior número de pesquisas investigou a presença de estresse em diversas populações distintas. Mais especificamente, poderíamos dizer que o objeto desses estudos seria a investigação de fatores estressantes ou, por um outro prisma, as respostas de populações submetidas a situações estressantes particulares, ou ainda, estudos diagnósticos.

Os trabalhos sobre relações entre estresse e manifestação de doenças e psiconeuroimunologia também têm aumentado bastante nos últimos dez anos e vêm apresentando uma visão cada vez mais objetiva e científica sobre as interações entre esses fenômenos. Além disso, podemos perceber que também têm acontecido estudos que contemplam discussões conceituais assim como intervenções.

Outro aspecto central observado nesta pesquisa foi o fato de os trabalhos referirem o uso de testes psicológicos ou de instrumentos de avaliação como recurso metodológico ou durante os resultados. Para realizar a análise, optamos por excluir das 487 pesquisas encontradas aquelas categorizadas como gerais ou diversas e as definidas como conceituais, pois, tradicionalmente, nesses casos não existe a necessidade da utilização de testes psicológicos ou de outros instrumentos. Obtivemos, assim, um total de 381 pesquisas, das quais apenas 9% (34 trabalhos) referiram, ou permitiram identificar, o uso de testes psicológicos como método de coleta de dados ou outra forma de utilização.

O uso dos testes em cerca de 10% das pesquisas nos remete a algumas análises e discussões. Entretanto, por não se tratar de uma base de dados especificamente da área da psicologia, mas sim da área da saúde, nossa análise possui certas limitações.

A princípio, poderíamos dizer que, considerando as pesquisas realizadas por psicólogos nesta base de dados, o número de trabalhos que utilizam testes não é pouco expressivo. Por outro lado, quando pensamos nos temas pesquisados (avaliação de estresse em populações específicas, avaliação de intervenções e manifestação de doenças associadas ao estresse), perguntamo-nos como seria possível medir o estresse nesses estudos.

A avaliação das alterações fisiológicas pode entendê-las como indicadoras da presença de estresse. Porém, considerando os recursos e o objeto da pesquisa (fenômeno pesquisado), parece-nos que os testes psicológicos ainda seriam o método mais eficaz para avaliar o estresse. Partindo desse pressuposto, poderíamos dizer, então, que o número de pesquisas que utilizam testes ainda é reduzido.

Para proporcionar ao leitor uma visão um pouco mais específica sobre o tema, a seguir abordaremos alguns tópicos de pesquisa em estresse mais próprios da psicologia, não relacionados com a pesquisa anterior.

Atualmente, as áreas de maior concentração de estudos e intervenções sobre estresse em nossa disciplina são a psicologia da saúde e a psicologia do trabalho e das organizações, cujos objetos de pesquisas podem ser os mais diversos possíveis. Descreveremos as áreas de maior concentração de estudos, segundo a dimensão do estresse focalizada, ou o objeto de compreensão e a possibilidade do uso de testes psicológicos em algumas situações, ilustrando com alguns exemplos.

Utilizamos como critérios de classificação a possibilidade de distinção entre os principais aspectos pesquisados e as propriedades específicas de um fenômeno e a utilização de palavras chaves. Embora não exista um consenso quanto à classificação de pesquisas sobre estresse, optamos por dividir os fenômenos pesquisados em cinco grandes grupos:

1. neurobiologia do estresse;
2. sintomas do estresse;
3. populações específicas;
4. respostas a eventos estressantes ou interação ambiente-sujeito;
5. avaliação de intervenções.

A *neurobiologia do estresse* abarca, principalmente, a investigação de respostas orgânicas ou mudanças fisiológicas mediante estímulos estressores, e inclui pesquisas experimentais, neurofisiologia, psiconeuroimunologia e áreas afins. Exemplos típicos de trabalhos nessa área são os que investigam alterações estruturais e funcionais mediante a presença de estímulos estressores.

Como foi apontado no primeiro capítulo, existem vários exemplos de pesquisas nessa área. Diversos estudos apontam mudanças imunológicas e imunossupressoras em estudantes diante de situações estressantes.

O segundo grupo, *sintomas de estresse*, reúne, principalmente, as pesquisas sobre critérios diagnósticos e manifestação de sintomas (por exemplo, critérios diagnósticos para estresse pós-traumático e desenvolvimento de escalas para avaliar estresse). Citamos, como ilustração, a revisão realizada por Morgan e outros (2002).

Os trabalhos com *populações específicas* investigam a existência de fatores estressores, inerentes ou presentes em ambientes próprios ou em situações a que populações distintas são submetidas. Cabe ressaltar que é neste campo que a maior parte das pesquisas recentes vem sendo realizada, devido à necessidade de compreender a relação entre indivíduos e o ambiente, em situações específicas (por exemplo, estresse em estudantes universitários, profissionais de saúde, desportistas, militares e trabalhadores, entre outros).

Em diversas situações ou classificações, esse campo é preferencialmente definido, por alguns autores, como pesquisas em psicologia do trabalho ou das organizações, bem como em psicologia da saúde. Optamos por utilizar uma definição um pouco mais específica, não vinculada a um ambiente, mas sim a uma situação a que determinada população é exposta ou com a qual interage. Abaixo descreveremos alguns tipos de trabalhos nessa área, para proporcionar ao leitor uma maior compreensão dos possíveis focos de pesquisa.

Alguns autores relatam a alta prevalência de estresse em acompanhantes de pacientes com Alzheimer e a presença de depressão entre os familiares que cuidam dessas pessoas. Os trabalhos de Conteratto (2002) descrevem a presença de sintomas psicológicos associados ao estresse em pacientes durante o período pré e pós-operatório. Considerando a situação de hospitalização como fator estressante, e o momento da cirurgia como evento estressante em particular, observou-se que, em sujeitos submetidos a essas condições, o período pré-operatório mostrou-se mais estressante que o pós-operatório. Os sintomas psicológicos mais evidentes na condição pré-operatória foram ansiedade, hostilidade, sensibilidade interpessoal, compulsão, obsessão/compulsão e depressão; na condição pós-operatória, os principais sintomas foram somatização e fobia. Observou-se, também, diferenças de gênero: as mulheres apresentaram mais sintomas psicológicos, tanto na condição pré como na pós-operatória.

Um outro objeto de estudo bastante investigado recentemente são as psicopatologias associadas ao trabalho (Cruz, 2002).

Nessa área existem dois grandes grupos de pesquisas: aqueles com ênfase no sujeito e os que priorizam a identificação de estressores ambientais. Os trabalhos que têm como foco as características individuais investigam, geralmente, traços de personalidade, estados emocionais, variáveis cognitivas e estratégias de enfrentamento utilizadas pelo sujeito. Como exemplo, temos o trabalho de Lorenzi e Belli (2003). Eles avaliaram, durante três meses, estresse, depressão, ansiedade, estratégias de enfrentamento e estressores ambientais em professores universitários. Os resultados demonstraram que os níveis de estresse, medidos ao fim de um semestre letivo, tendem a permanecer altos, mesmo após as férias do meio do semestre, e continuam assim até o final do período. Da mesma forma, os níveis de ansiedade e depressão permaneceram estáveis ao longo do semestre letivo, assim como as estratégias de enfrentamento e os eventos estressantes, que não sofreram alterações significativas.

Alguns estudos nessa área priorizam a compreensão das variáveis ambientais como fatores estressores. Para exemplificar, podemos citar novamente o trabalho de Palácios e outros (2002) com caixas de agências bancárias, que investiga fatores ambientais desencadeadores de estresse. Parece-nos que cada vez mais as pesquisas tendem a ter uma visão integradora e multidimensional do fenômeno, priorizando a compreensão da interação entre sujeito e ambiente.

É importante lembrar que alguns autores não utilizam a distinção entre a terceira e quarta área de pesquisa, como o descrito, por entenderem que na interação entre sujeito e ambiente já está presente a discussão que privilegia a compreensão de diferenças entre indivíduos e grupos. Optamos por fazer esta diferenciação, pois entendemos que a categoria *populações específicas* às vezes é extremamente relevante e apresenta demandas ou objetivos específicos, que devem ser avaliados ou compreendidos.

A quarta área, que engloba pesquisas referentes a *respostas a eventos estressantes ou interação ambiente-sujeito*, investiga respostas específicas de sujeitos submetidos a situações estressantes, implicando assim a compreensão de diferenças individuais, padrões de respostas e estratégias de enfrentamento, dentre outros aspectos. Alguns estudos examinam as diferentes variáveis presentes nas respostas de sujeitos diante das mesmas situações estressantes.

Os trabalhos agrupados na quinta área, denominada por nós *avaliação de intervenções*, visam, *a priori*, a investigar a eficácia ou os resultados de intervenções psicológicas oferecidas a determinados grupos ou situações.

Lipp (1997), a partir de estudos com populações peculiares, sugere a utilização de técnicas de relaxamento específicas[2] para diferentes profissionais como instrumento para a redução de estresse nessas populações. Seu trabalho aborda o estresse em diferentes grupos, tais como, parlamentares, policiais militares, profissionais da saúde e outros, salientando as demandas ambientais como fonte de estresse e propondo o relaxamento como forma de minimização dos sintomas.

Pesquisas realizadas nos últimos vinte anos têm descrito e relacionado diversas alterações somáticas associadas a situações estressantes em populações específicas. Esses dados nos remetem

---

2 As formas atuais de se lidar com a situação de estresse podem, em geral, envolver duas estratégias de enfrentamento distintas: estratégias focalizadas no problema (na situação ou no evento estressante) e estratégias focalizadas na emoção (ou nos sintomas psicofisiológicos apresentados pelos indivíduos).

a uma reflexão sobre as especificidades de estímulos estressores, bem como sobre as diferentes respostas de cada população a tais estímulos e as possibilidades de intervenção. A partir dos dados produzidos nesta área, alguns modelos de intervenção têm sido oferecidos a populações submetidas a situações estressantes.

A proposta inicial, de descrever algumas pesquisas realizadas sobre estresse, não está apenas relacionada com o objetivo de oferecer ao leitor um breve estado-da-arte sobre o assunto, mas também com a intenção de articular as áreas de avaliação psicológica e de produção de conhecimento.

5. Técnicas para intervenção

Uma vez diagnosticados os eventos estressantes e descritas as respostas ou as estratégias do sujeito, diante desses fatores, e a sintomatologia relacionada ao estresse, cabe-nos pensar nas possibilidades de intervenção. Tal perspectiva intervencionista, no entanto, pode nos levar a uma expectativa equivocada de que uma vida completamente livre dos efeitos do estresse possa ser possível. É, portanto, necessário que inicialmente se encare os procedimentos de intervenção e seus efeitos sobre a saúde em uma perspectiva adequada e realista – o que não implica necessariamente em conformismo, uma vez que dispomos de formas diferentes de intervir efetivamente nesse problema.

Mas antes de qualquer possibilidade de intervenção, é preciso reforçar a natureza do fenômeno *estresse*. Trata-se (como já apontado no Capítulo 1) de uma síndrome de caráter adaptativo (Selye, 1984), que se mostra presente nos comportamentos de qualquer ser vivo que lute por sua sobrevivência em um ambiente de recursos limitados e, portanto, competitivo. Em outras palavras, os efeitos do estresse não atuam apenas sobre nós humanos, mas sobre qualquer organismo vivo (de uma bactéria ao homem, das árvores aos vírus, passando por toda a ordem de seres vivos) que tenha de alterar sua *alostase*[1] em função de alterações ambientais. É importante distinguir entre eventos estressores – fatores que causam o desequilíbrio – e os efeitos desses estressores sobre o organismo – as respostas adequadas (restabelecimento do equilíbrio) ou, caso contrário, os sintomas decorrentes de uma incapacidade adaptativa. Nesse sentido, uma situação inerente à condição de vida é a presença constante de demandas adaptativas que nos obrigam a dar respostas adequadas a elas.

Nosso organismo vem dotado (é uma herança evolutiva e, portanto, também genética) de um mecanismo estressor de inegável valor informativo, pois o estresse é inevitável, e até mesmo necessário, como condição para despertar o estado de alerta e a resposta vital, e é um importante fator motivacional para a execução de tarefas (um pouco de ansiedade pode ser bastante motivadora, como por exemplo, na situação de grande parte dos alunos que só estudam na véspera da prova). Porém, como se trata de um mecanismo que evoluiu por milhões de anos em um contexto pré-cultural, ele está parcialmente desadaptado para o contexto neocultural, que caracteriza o atual estado da sociedade humana. Esta situação, ao mesmo tempo que impõe limitações ao modo como vamos vivenciar determinadas situações, aponta-nos novas perspectivas. Embora ainda não possamos alterar nossos genes para criar respostas mais adaptativas, podemos treinar nossa capacidade de resposta de relaxação em contextos mais específicos e adequados (Davis *et al.*, 1996).

---

1 Utilizamos esse termo em um sentido mais relacional e abstrato, referindo-se a uma quebra de equilíbrio psicológico interno.

Lazarus e Folkman, em *Stress, appraisal and coping*, apresentaram uma definição de evento estressor como qualquer episódio que tenha a capacidade de desafiar nossos limites (físico, cognitivo e social) e nosso autoconceito (a visão que temos de nós mesmos). Dessa forma, seriam, então, entendidos como eventos estressantes tanto os episódios coletivos, como uma guerra ou um terremoto (que a princípio seriam estressores ambientais para qualquer indivíduo presente a esses acontecimentos), como os eventos ambientais de caráter pessoal, como a perda de um amigo ou a troca de emprego (cujo caráter estressor será relativo ao indivíduo em questão).

Porém, não são apenas os eventos ambientais que estão relacionados ao estresse. Processos psicológicos internos também podem ser considerados estressantes. Lazarus e Folkman (1984) indicam que conflitos psicossociais (como cooperação *versus* competição, intimidade *versus* isolamento, independência *versus* dependência, expressão de um impulso *versus* padrões morais) também podem disparar respostas estressantes e, portanto, podem ser considerados eventos estressores. Mas, por outro lado, fatores de ordem interna também podem afetar a susceptibilidade de indivíduos aos eventos estressores. Lazarus e Folkman (1984) indicam que aspectos como a previsibilidade de um evento estressor (o quanto podemos antecipar seu aparecimento) ou sua controlabilidade (o quanto é possível controlá-lo) afetam diretamente o modo como esses eventos vão repercutir em nossa vida, de modo que a percepção que se tem de uma situação como potencialmente estressora é tão importante quanto o próprio evento em si.

Desde as últimas décadas do século XX, o interesse pelas implicações do estresse na saúde das pessoas cresceu muito, principalmente a partir dos anos 80, quando o Serviço de Saúde Pública norte-americano publicou um relato (*Public Health Service*, 1979 *apud* Lipp & Malagris, 1998) reconhecendo que o estresse excessivo não apenas provoca males psicológicos, mas também pode estar associado a problemas físicos, sendo possível ter implicações sérias na saúde orgânica do indivíduo. Atualmente, estima-se que cerca de 50% das pessoas doentes estejam sofrendo de problemas relacionados com o estresse (Lipp, 1996; Lipp & Malagris, 1998).

A maioria dos pesquisadores da área de medicina psicossomática concorda que o estresse grave, crônico e perceptível exerce algum papel mediador no desenvolvimento de muitas doenças somáticas. O caráter do evento estressor, os fatores psicofisiológicos gerais, a vulnerabilidade genética e orgânica, a natureza dos conflitos emocionais envolvidos (específicos ou inespecíficos) e o modo como todos esses aspectos interagem para produzir a doença ainda são considerados controversos. Sabe-se porém, que o estresse pode afetar diretamente a saúde de diferentes formas:

1. o estresse corresponde fisiologicamente (como explicitado no capítulo 1) a uma superexcitação do sistema simpático e do eixo HPA, que prejudica, dessa forma, o funcionamento do sistema imune, reduzindo a capacidade orgânica de resistir a agentes patogênicos;
2. sob estresse, as pessoas dificilmente se engajam em comportamentos saudáveis, o que também contribui para o surgimento de problemas de saúde;
3. os sintomas relacionados ao estresse podem ser interpretados com certo exagero, reduzindo, assim, a expec-

tativa de manejo social do estresse e aumentando a experiência em relação à doença;

4. a análise dos eventos estressantes conduz a um modelo de vulnerabilidade relacionada a uma predisposição para transtornos específicos, de modo que, a avaliação cognitiva pode afetar a vulnerabilidade à certas doenças (pessoas que tendem a avaliar os eventos estressantes em termos de causa interna, estável e global, estão mais propensas a desenvolver um modelo de depressão chamado *desamparo aprendido*[2]).

Existe na literatura especializada um grande número de trabalhos com relativa consistência teórica e metodológica, relacionando eventos estressantes, que surgem em indivíduos que experienciaram recentemente grandes mudanças de vida, com uma alta suscetibilidade para o desenvolvimento de doenças, em especial as infecciosas (Kiecolt-Glaser & Glaser, 1995). Dessa forma, através do avanço da produção de conhecimento, o conceito de estresse vem sendo constantemente atualizado assim como as formas de intervenção nesse processo ou fenômeno.

As estratégias de intervenção, em geral, visam a evitar que os sintomas relacionados ao estresse avancem a ponto de se tornarem crônicos, enquanto que as técnicas de intervenção

---

2 *Desamparo aprendido*: procedimento experimental desenvolvido para investigar processos depressivos. Um animal é posto em uma sala com a saída fechada. Após o toque de uma sineta (que dura vários segundos), é aplicado um choque doloroso no animal. Repetida a operação, a tendência natural do animal é tentar fugir assim que houve o toque da sineta, porém, como a saída está fechada, ele não consegue. Depois de algum tempo, acaba desenvolvendo o que se chama *desamparo aprendido*: mesmo com a porta aberta, o animal não tenta mais fugir ao ouvir o som da sineta; ele aprendeu, de certa forma, pela experiência anterior que o choque é "inevitável" e, mesmo que a situação se modifique, o animal permanece "desamparado".

procuram desenvolver a capacidade de responder adequadamente aos eventos estressores, reduzindo, direta ou indiretamente, os efeitos prejudiciais de uma exposição prolongada a eles.

A forma particular pela qual o sujeito vai responder aos eventos estressores é um fator diferenciador bastante importante, que, freqüentemente, pode ser medido a partir dos inventários de estratégias de enfrentamento apresentados anteriormente.

Pesquisas de caráter comportamental e cognitivas (Lazarus & Folkman, 1984; Sapolsky, 1998) têm mostrado que certos padrões de atitudes psicológicas, envolvidas em assumir comportamentos ativos para a solução de problemas, apresentam relação com uma propensão menor a depressão e a doenças (geralmente infecciosas) após eventos traumáticos[3] do que indivíduos que mostram padrões de ruminação cognitiva (repetição mental de representações do problema) e comportamentos de evitação – tais pessoas mostram sofrimento psicológico mais prolongado em situações de estresse.

Partindo da conceituação que diferencia eventos estressantes (que tendem a romper a alostase do organismo) da resposta de estresse propriamente dita (a forma pela qual o organismo reage aos eventos estressores), podemos dividir as estratégias de intervenção em três grupos:[4] as focalizadas no problema (eventos estressores), as focalizadas na emoção mediante o evento estressor e os sintomas manifestos (resposta involuntária do organismo) e as estratégias mistas (que incorporam elementos da focalização no problema e nos sintomas).

---

3 Ver definição de *estresse pós-traumático* apontada no Capítulo 2.

4 No capítulo anterior foram apresentados instrumentos aptos a avaliar as dimensões agora sob intervenção.

Normalmente, a primeira opção de intervenção é direcionada para a resolução do evento causador do desequilíbrio. Tal estratégia nem sempre é possível, principalmente em situações de estresse organizacional ou institucional[5], nas quais muitos fatores causadores dos sintomas não podem ser solucionados diretamente pela ação do indivíduo que sofre seus efeitos. Questões salariais, ou mesmo fatores estressantes inerentes à própria função profissional, em geral, estão além da capacidade individual de solução, envolvendo recursos mais complexos e demorados.

Na impossibilidade de redução dos eventos causadores, pode-se optar por uma estratégia focada apenas nos sintomas e nas emoções (quando realmente não existe a possibilidade de modificar a situação em um período moderado de tempo e o problema em questão é bem conhecido), ou por uma estratégia mista, que incorpore elementos de redução do sintoma emocionalmente negativo a curto prazo, e a utilização de estratégias mais adequadas para modificar o foco causador do desequilíbrio alostático a longo prazo.

De certa forma, as pessoas costumam desenvolver, intuitivamente, algum tipo especial de resposta a eventos identificados como estressores, visando a reduzir seus efeitos, mediante atividades que estimulam reações antagônicas àquelas desencadeadas pelas situações estressantes. Tal padrão de comportamento, cujo objetivo é amenizar os efeitos do estresse, é chamado de *estratégia de enfrentamento* e pode ser observado até mesmo em primatas.

A partir da demanda de intervenção, ou dentro da perspectiva estratégica escolhida, diferentes técnicas podem ser usadas

---

5 Dentro dessa categoria de eventos estressores estruturais é possível, muitas vezes, incluir também problemas familiares crônicos e questões vinculadas a relacionamentos patológicos.

conforme o tipo da avaliação e o diagnóstico na condição de estresse estudada. Essas técnicas podem ser entendidas como instrumentos desenvolvidos para agir como *coping* estruturado e sistematizado, uma vez que os padrões de *coping* que as pessoas apresentam intuitivamente nem sempre são eficientes, podendo, inclusive, apresentar efeitos colaterais (como no caso de usar o consumo de álcool como mecanismo para relaxar após um dia fatigante de trabalho).

A seguir, apresentaremos algumas técnicas que implementam a estratégia de lidar com os efeitos nocivos do estresse em termos de sintomas emocionais. Normalmente, elas visam a estimular um certo padrão de respostas diametralmente oposto ao padrão ativado por situações estressantes. Ou seja, seu objetivo é reduzir a resposta de estresse por meio da indução da resposta de relaxamento. Dessa forma, cabe agora definir alguns termos:

- ***Resposta de estresse***: é uma resposta psicofisiológica, genérica e inespecífica, derivada de uma ativação comportamental (ação adaptativa em relação ao ambiente), mediada pelo sistema nervoso periférico, de ativação simpática, e destinada a dotar o organismo com carga energética para enfrentar situações potencialmente perigosas. Também conhecida como resposta adrenérgica ou comportamento ergotrópico (alto consumo de energia).
- ***Resposta de relaxação***: é uma resposta psicofisiológica semelhante, também genérica e inespecífica, porém ativada pelo sistema nervoso parassimpático e destinada a produzir uma resposta de conservação energética (comportamento trofotrópico). A resposta de relaxação não é propriamente uma resposta passiva, mas sim ativa (produz conservação de energia), de um modo diferente da ativação simpática que gera respostas com alto gasto energético.

Dentre as inúmeras técnicas de relaxamento que surgiram como aplicação de psicologia clínica, vamos citar provavelmente a mais conhecida, o relaxamento progressivo de Jacobson, desenvolvida originalmente pelo médico americano Edmund Jacobson, em 1929, mas que ainda é largamente utilizada, principalmente em intervenções na clínica de orientação comportamental no tratamento de fobias.

Técnica de Relaxamento Progressivo de Jacobson

A técnica parte do princípio de que para gerar um estado de relaxamento profundo não é preciso uso nem de imaginação nem de força de vontade, bastando apenas contrair seqüências específicas de músculos para depois deixá-los relaxar automaticamente. Se por um lado nosso corpo gera padrões de tensão muscular quando está tenso, ao relaxar, o tônus muscular também diminui de intensidade, de modo que basta contrair ativamente um grupo muscular por alguns segundos e em seguida deixá-lo relaxar automaticamente.

Em geral a seqüência de grupos musculares e os exercícios de tensionamento (que devem durar apenas uns 5 segundos) seguem a forma apresentada a seguir:

1. Mãos e antebraço dominante: aperta-se o punho.
2. Bíceps dominante: empurra-se o cotovelo contra o braço da cadeira ou contra o solo.
3. Mãos e antebraço não dominante: aperta-se o punho.
4. Bíceps não dominante: empurra-se o cotovelo contra o braço da cadeira ou contra o solo.

5. Testa e couro cabeludo: contrair as sobrancelhas.
6. Olhos e nariz: apertam-se os olhos fechados e enruga-se o nariz.
7. Boca e mandíbula: cerram-se os dentes com os lábios distendidos.
8. Pescoço: dobra-se para frente até tocar o peito com o queixo.
9. Ombros, peito e costas: erguem-se os ombros para cima e para trás tentando juntar as omoplatas (escápulas).
10. Estômago: encolhe-se, contendo a respiração, e solta-se, contendo a respiração.
11. Perna e coxa direita: tentar subir a perna esticando os dedos sem tirar o calcanhar do solo.
12. Panturrilha e pé direito: dobra-se o pé para cima sem tirar o calcanhar do solo.
13. Perna e coxa esquerda: tenta-se subir a perna esticando os dedos sem tirar o calcanhar do solo.
14. Panturrilha e pé esquerdo: dobra-se o pé para cima sem tirar o calcanhar do solo.

Após tencionar e relaxar todos esses grupos musculares, em geral, tenta-se aprofundar um pouco mais o estado de relaxamento repetindo-se toda a seqüência, dessa vez sem a indução do tensionamento, mas somente o relaxamento dos músculos, que a já deverão estar, ao menos parcialmente, relaxados.

Embora essa técnica possa facilmente ser auto-aplicada, não necessitando de orientação de terceiros para induzi-la, sua aplicação em contexto clínico requer alguns cuidados. Em primeiro lugar, não existe técnica que possa ser aplicada em qualquer contexto. Dependendo de características pessoais e sociais, diferentes técnicas de relaxamento podem produzir diferentes efeitos em pessoas distintas.[6] Além disso, uma pessoa que esteja apresentando tensão muscular crônica devido à vivência de eventos estressantes (por exemplo, alguns casos de pacientes com dores crônicas), talvez necessite de algumas sessões de relaxamento para poder apresentar uma resposta de relaxamento apreciável. Normalmente são usadas de oito a doze sessões.

Características do ambiente físico também são importantes na aplicação clínica do relaxamento. O local deve estar tranqüilo, porém não deve permanecer completamente sem som, para que se assemelhe à condição do ambiente real (salas de isolamento acústico existem em geral nos laboratórios de pesquisa e estúdios de música e poucas pessoas lidam diariamente com esses contextos). A temperatura deve permanecer constante[7] (22°-25° C) e a iluminação deve ser tênue, principalmente no término do relaxamento (Vera & Vila, 1999).

O mobiliário para a prática do relaxamento pode variar. Jacobson (1961) utiliza, a princípio, um colchonete (o relaxamento se inicia na postura deitada), passando posteriormente para a posição sentada em uma cadeira normal. Também podem ser utilizadas poltronas recicláveis com apoio para a cabeça e os pés. É de suma importância que a pessoa fique numa posição confortável e retire acessórios (relógio, colar, brincos) que dificultem a circulação (Vera e Vila, 1999).

---

6 Em nossa prática clínica, podemos constatar empiricamente (de um modo ainda não quantificado) que pessoas com características psicológicas mais sonhadoras e com boa capacidade para criar estados imaginativos apresentam melhor resposta a técnicas como o relaxamento imaginativo ou o autógeno (que também cria simulações imaginárias), obtendo melhores resultados do que quando submetidos a técnica de relaxamento progressivo.

7 Ao relaxar, as pessoas podem sentir frio pois o sangue segue para partes internas do corpo, deixando a pele menos irrigada.

O tom e a intensidade da voz utilizada para induzir o relaxamento é um aspecto importante a ser considerado. Ao contrário de outras técnicas, nas quais se faz a voz perder volume e a fala se tornar cada vez mais lenta, em sua forma ortodoxa o relaxamento progressivo deve ser conduzido com a voz em tom normal e pausado (Vera e Vila, 1999).

Mesmo seguindo os protocolos sugeridos para aplicação da técnica, efetivamente, o êxito do relaxamento depende mais do envolvimento, do empenho e do comprometimento do paciente do que da aplicação da técnica por parte do terapeuta. Para tal, dois aspectos devem ser respeitados:

1. é necessário que a aprendizagem da técnica tenha sentido para o paciente; quanto mais seguro ele estiver do benefício que pode obter, maior a probabilidade de sucesso da técnica;
2. é necessário adequar a técnica ao paciente, avaliando-se antecipadamente qual a melhor técnica a ser aplicada, e que elementos devem ser enfatizados; a melhor técnica é a que for mais apropriada para cada pessoa.

Outras técnicas de relaxamento

Diferentes técnicas podem ser usadas para produzir respostas de relaxamento. A técnica em si não é o mais importante, mas sim o efeito que se pretende obter ou o que é capaz de produzir. Vamos apresentar resumidamente algumas técnicas que também podem ser utilizadas para esse fim.

• ***Relaxamento respiratório***: parte do pressuposto de que o sangue mal oxigenado pode contribuir para o surgimento e a manutenção de estados de ansiedade. Segundo o modelo de Davis e outros (1996), descreveremos os passos desta técnica:

1. Deite no chão sob um colchonete ou cobertor dobrado. Flexione os joelhos e afaste os pés. Deixe a coluna reta.
2. Verifique se há tensão no corpo.
3. Coloque uma das mãos sobre o abdômen e a outra sobre o tórax (maior *feedback* respiratório).
4. Inspire lentamente pelo nariz, expandindo o tórax, que deve se mover apenas um pouco, junto com o abdômen até se familiarizar.
5. Inspire pelo nariz e expire pela boca, emitindo um som suave. Continue assim por uns cinco minutos inicialmente (com a prática, o tempo de relaxamento deve aumentar para vinte minutos).

• ***Relaxamento autógeno***: é outra técnica clássica de relaxamento, elaborada por Schultz (1932). Consiste em uma série de comandos verbais com a finalidade de induzir estados de relaxamento por meio de auto-sugestões.[8] Ou seja, o sujeito é levado a repetir auto-orientações sobre:

1. Sensações de peso e calor em suas extremidades: "Meu braço direito está pesado, minhas pernas estão pesadas..."
2. Regularização das batidas do coração: "Meus batimentos cardíacos estão tranqüilos e regulares..."
3. Sensações de tranqüilidade e confiança em si mesmo: "Posso visualizar a mim mesmo e me sentir relaxado, confortável e tranqüilo..."

8 Essa técnica pode ser enriquecida (se for o caso) com induções para imaginar cor e movimento, objetos e pessoas reais, conceitos e cenas imaginárias.

4. Concentração passiva na respiração: "O ar entra e sai de mim de forma regular e tranqüila..."

• ***Técnicas orientais (meditação e ioga)***: tradições psicológicas não ocidentais também apresentam soluções bastante eficientes para o problema do estresse, que como dissemos no início do capítulo, não é exclusividade humana, muito menos exclusivo do nosso tempo e da nossa cultura.

Essencialmente, a meditação é uma prática cognitiva (embora não seja assim descrita na tradição oriental) que visa a concentrar a atenção em uma coisa de cada vez (seguir o "fluxo da consciência") e diferentes estratégias são usadas para manter o foco da atenção. Algumas técnicas usam sons (*mantras*) e outras usam exercícios ou posturas físicas (*ássanas* e *iantras*) procurando estimular o puro ato de "testemunhar". Tal postura tende a gerar um certo "distanciamento" ou "desidentificação" com a representação mental estereotipada ou o padrão cognitivo cristalizado, o que por si já é uma excelente estratégia cognitiva se for generalizada para situações estressantes.

A ioga também nos remete a uma tradição ancestral que estimula uma atitude neurovegetativa incomum, contribuindo, dessa forma, para a redução dos efeitos do estresse. Algumas técnicas do ioga, consistem na execução de uma postura típica, que normalmente envolve determinada tensão muscular (ocasionada por uma estimulação da via simpática do sistema nervoso periférico) e o alinhamento da coluna associado, ou realizado concomitantemente, a uma respiração calma, ritmada e profunda (envolvendo estimulação das vias parassimpáticas do sistema nervoso). Tal padrão de dupla estimulação simultânea dos sistemas simpático e parassimpático raramente ocorre em situações cotidianas, nas quais predomina o princípio da inibição recíproca (se uma via é estimulada, automaticamente é inibida a outra via),[9] contribuindo sobremaneira para o reequilíbrio do organismo como um todo.

Cabe ressaltar que pesquisas e trabalhos científicos de qualidade, cada vez mais, vêm utilizando essas técnicas alternativas (denominadas por alguns de *medicina tradicional*) com excelentes resultados em diversas situações (Goleman, 1997, Kabat-Zin, 2001).

• ***Exercícios físicos***: a atividade física vigorosa é uma excelente forma de *coping*, podendo ser dito até que é a sua forma mais primária de expressão, pois, como definiu Seyle, o estresse é uma resposta que induz a um padrão psicobiológico de luta ou fuga. Lutar ou fugir são, por definição, atividades físicas vigorosas que necessitam de disparadores bioquímicos. O padrão natural de comportamento em uma situação de estresse (ou de percepção de perigo) envolve intensa atividade física. Tal modelo de resposta sempre foi útil em um ambiente natural, porém, desde o surgimento da cultura humana, temos modificado o meio a nosso favor, reduzindo drasticamente as situações de real perigo físico em que uma resposta física intensa seria muito adequada. Na maioria das situações cotidianas da vida urbana, os principais fatores estressantes são muito mais sociais e simbólicos do que realmente eventos que podem colocar em risco nossa vida física.

Respostas físicas intensas, como o lutar ou o fugir, não são muito adequadas para os problemas complexos do mundo

9 O princípio da inibição recíproca foi apresentado por Sherrington, em 1906.

pós-moderno, de modo que temos poucas possibilidades de expressar fisicamente nossas emoções em uma situação de estresse. É justamente neste aspecto que a atividade esportiva[10] pode ser muito útil para a redução dos efeitos nocivos do estresse.

A atividade física não é *per se* relaxante, pois decorre da atividade simpática. Porém, a fadiga produzida pelo esporte tende a gerar sensações de bem estar físico e relaxamento.[11]

Existem inúmeras outras formas adequadas de *coping* que podem ajudar consideravelmente na redução dos efeitos do estresse que não foram citadas,[12] mas não é nosso objetivo enumerar todas. A idéia é apenas chamar a atenção para as finalidades e as aplicações de algumas técnicas que, para serem realmente efetivas em seus objetivos, precisam ser ancoradas em estratégias mais abrangentes. Em si mesmas, as técnicas podem apenas produzir efeitos agradáveis momentâneos, que somente se tornarão constantes se forem incorporados em uma perspectiva mais significativa.

Apresentaremos, resumidamente, uma outra estratégia de aplicação terapêutica das técnicas de relaxamento: a *dessensibilização sistemática* (DS).

---

10 A adequação das atividades esportivas com padrões evolutivos da espécie humana, como observa Calvin (1998), pode ser observada nas ações motoras envolvidas em praticamente todos os esportes coletivos (com exceção de alguns, como a canoagem): do basquete ao futebol, todos esses esportes envolvem a ação de atirar com precisão um objeto (em geral uma bola) e acertar um determinado alvo, tendo, para isso, de fazer uso de uma estratégia coletiva. Tais padrões psicomotores encontram sua ancestralidade na atividade de caça que remonta ao *Homo habilis*.

11 É claro que se deve estar atento para os exageros decorrentes de uma atividade física demasiada.

12 Como o *biofeedback*, a hipnose e técnicas de visualização, entre outras.

DESSENSIBILIZAÇÃO SISTEMÁTICA

Muitas experiências ruins deixam suas marcas na memória afetiva e cognitiva das pessoas, de modo que sintomas fóbicos e de ansiedade crônica são comuns na prática clínica. A lembrança persistente de acontecimentos vivenciados com sentido negativo tem sido causa de ansiedade desde o início dos tempos. As primeiras explicações naturalísticas sobre a ansiedade aprendida surgiram no início do século XX e nos remetem aos experimentos clássicos de Pavlov de condicionamento aversivo.[13]

Para Wolpe, a ansiedade é entendida como um padrão de atividade do sistema nervoso simpático (aceleração cardíaca, sudorese, contração muscular, etc.) que ocorre quando a pessoa acredita[14] estar exposta a situações de perigo. As reações de ansiedade que acompanham certas situações desagradáveis da vida podem se condicionar aos estímulos contextuais gerando a chamada ansiedade condicionada. A dessensibilização sistemática (DS) é uma intervenção terapêutica desenvolvida por Wolpe, em 1958, orientada pelo princípio de que qualquer resposta que seja incompatível com a ansiedade pode ser utilizada para inibi-la. Segundo o modelo de Wolpe, a aplicação da DS apresenta quatro passos principais:

---

13 Estímulos inicialmente neutros podiam disparar respostas de terror no organismo submetido ao condicionamento se este estímulo fosse apresentado junto com algum forte estímulo desagradável ou doloroso, de modo que o condicionamento pôde manter seus efeitos sobre o sujeito por muitos anos.

14 Acreditar é um processo de natureza cognitiva. Apenas a estimulação autônoma simpática não produz necessariamente ansiedade. Experimentos sugerem que o fator perceptivo (também de natureza cognitiva) é fundamental na modulação final da resposta. Sujeitos em que foram injetados adrenalina em contexto perceptivamente neutro, e sem nenhuma indução de crença, podiam apresentar sinais de euforia, raiva ou ansiedade. Assim sendo, parece que a modulação cognitiva é fundamental para a forma final da resposta de ansiedade.

1. *Treinamento no emprego de uma escala de unidades subjetivas de ansiedade*: constitui uma forma de tentar avaliar a magnitude da resposta de ansiedade diante dos estímulos provocadores de ansiedade e estresse. A pessoa deve imaginar uma situação máxima de ansiedade (valor de ansiedade 100) e uma experiência tranqüila e agradável (valor de ansiedade zero), constituindo, assim, os pólos extremos da escala. A partir desses parâmetros, pode-se graduar as diferentes situações segundo seu potencial provocador de ansiedade, servindo de base para a construção de uma hierarquia desse sentimento.
2. *Construção da hierarquia de ansiedade*: consiste em uma lista de estímulos evocadores de ansiedade (ou eventos estressores) relacionados em conteúdo e ordenados segundo a magnitude de ansiedade que provocam. Tais estímulos podem ser exteriores ao indivíduo, como cachorros ou desaprovação social, mas também podem ser internos, como na sensação de perda de controle.
3. *Treinamento em relaxamento muscular profundo*: o relaxamento é uma habilidade que pode ser adquirida mediante treino e constitui uma resposta de natureza antagônica à ansiedade, e, por esse motivo, é amplamente utilizada como contracondicionamento. As técnicas de relaxamento têm um efeito benéfico ao reduzir o nível geral de ativação ansiogênica. Para isso, pode-se utilizar qualquer técnica de relaxamento que seja eficaz para o sujeito estressado.

4. *Combinação do treino em relaxamento com a exposição à hierarquia*: depois que a pessoa já aprendeu a relaxar e já elaborou sua hierarquia pessoal de eventos estressantes, pode-se iniciar a dessensibilização propriamente dita. O princípio, inerente ao contracondicionamento e à extinção de condicionamentos, envolve necessariamente a apresentação do sujeito ao evento gerador de ansiedade. Caso contrário, como nas situações em que o sujeito se esquiva sempre que possível dos eventos geradores de ansiedade, tal comportamento de evitação mantém indefinidamente a ansiedade diante desses estímulos.

A apresentação dos estímulos estressores pode ser feita de fato ou de forma imaginária, mas, devido a questões de ordem prática, muitas vezes opta-se por uma exposição imaginária.[15] Deve-se iniciar a apresentação da hierarquia a partir de seu evento menos intenso e fazer a pessoa relaxar tentando imaginar o evento estressor em uma baixa intensidade. O procedimento deve ser repetido até que a pessoa seja capaz de imaginar tal situação sem mais apresentar indícios de ansiedade. Parte-se, então, para o próximo passo da hierarquia, em que se repete o procedimento de relaxar imaginando a situação até que ela esteja dessensibilizada e seja possível passar para mais uma etapa, até o final da hierarquia.

15 Com o avanço da tecnologia de informática e da interface humana, muitos terapeutas já estão usando instrumentos de realidade virtual para criar situações mais realistas que as imaginárias, porém sem o inconveniente das exposições ao vivo.

Estratégias focadas na situação: treino em solução de problemas

Uma outra possibilidade estratégica de enfrentamento consiste em focar a ação terapêutica na solução do problema gerador de desequilíbrio. Sem dúvida, esta estratégia deveria ser a primeira posição adotada numa intervenção terapêutica, porém, nem sempre é possível solucionar de imediato os fatores causais do estresse, de modo que as abordagens citadas na sessão anterior tornam-se importantes estratégias paliativas. Mas, em muitos casos, é necessário ir além do simples enfrentamento dos sintomas estressantes e, como exemplo, citaremos o *treinamento em solução de problemas*.[16]

O treino de indivíduos em habilidades relacionadas a solução de problemas em contexto clínico tem suas origens na terapêutica comportamental, na qual o comportamento desadaptativo, ou mesmo patológico (déficit comportamental), é entendido como resultante de deficiências nas capacidades e competências sociais (principalmente na capacidade para resolução de problemas).

Inicialmente, o conceito de problema pode ser entendido como uma discrepância entre a realidade de uma determinada situação e os objetivos desejados para esta situação. Normalmente, a discrepância se mostra como estressante se for, de alguma forma, difícil de resolver e se for relevante para o próprio bem-estar do indivíduo (Lazarus & Folkman, 1984). Assim sendo, um problema pode ser um acontecimento único (uma batida

---

16 Outras abordagens também são indicadas como estratégias focadas no problema como o *treinamento específico em habilidades sociais*, o *treinamento de pais*, os *métodos de autocontrole*, entre outros, que não serão aprofundados por uma simples questão de espaço.

de automóvel), uma série de acontecimentos relacionados (uma situação de trabalho com cobranças constantes quanto ao prazo de entrega), ou mesmo uma situação crônica (como na condição de desemprego).

Seguindo esse princípio, a solução eficaz de um problema é definida como uma resposta de enfrentamento que visa a mudar a natureza da situação problemática, incluindo as próprias reações emocionais negativas, ao mesmo tempo em que maximizam as conseqüências benéficas de tal comportamento.

Caballo (1996) indica, com base na literatura especializada, que a solução eficaz de um problema requer cinco processos:

• *Orientação para o problema*: este primeiro passo visa a ajudar os indivíduos, motivando-os e orientando-os com situações básicas:

a. Percepção do problema: identificar e reconhecer os problemas quando ocorrem.
b. Adotar uma perspectiva filosófica de que os problemas da vida são normais e inevitáveis e que enfrentá-los pode ser uma solução viável.
c. Aumentar as expectativas do indivíduo de ser capaz de realizar satisfatoriamente as atividades de solução de problemas (auto-eficácia percebida).
d. Inibir a tendência a realizar hábitos automáticos negativos (resultado de experiências anteriores).

• *Definição e formulação do problema*: neste ponto, o objetivo é avaliar a natureza da situação-problema e identificar um conjunto de metas objetivas. Esta subetapa do treinamento consiste na realização de cinco tarefas:

a. Busca de toda informação e de todos os fatos disponíveis sobre o problema.
b. Descrição desses fatos em termos claros e sem ambigüidades.
c. Diferenciação entre a informação relevante e a irrelevante, entre os fatos objetivos e as inferências, as suposições e as interpretações não comprovadas.
d. Identificação dos fatores e das circunstâncias que fazem da situação um problema.
e. Estabelecimento de uma série de objetivos realistas para a solução dos problemas.

• *Levantamento de alternativas*: esta etapa se caracteriza pelo levantamento de possíveis alternativas mediante o ensino de três princípios básicos que induzem a um turbilhão criativo de idéias:

a. Princípio de quantidade: quanto mais idéias alternativas, maior a probabilidade de identificar casos eficazes.
b. Princípio do adiamento de julgamento: a regra da quantidade pode ser melhor aplicada se forem eliminadas as implicações racionais dessas idéias (em um primeiro momento criativo). O único critério é o da relevância para o problema presente.
c. Princípio da variedade: deve-se pensar em um amplo leque de possibilidades em vez de centrar-se em poucas idéias. O processo deve ser gerativo e deve-se tentar usar termos concretos e não abstratos.

• *Tomada de decisões*: esta sub-etapa envolve três momentos:

a. Antecipação dos resultados da aplicação das possíveis soluções encontradas (que conseqüências positivas e negativas são esperadas a curto e longo prazo?).

b. Avaliação dos resultados de cada solução (julgando e comparando).
c. Preparação de uma solução, que pode ser também uma combinação de soluções.

• *Prática da solução e verificação*: treino em solução de problemas que envolve:

a. Realizar a solução escolhida (se não for possível, voltar às etapas anteriores).
b. Auto-registro das práticas em solução de problemas e seus resultados.
c. Auto-avaliação (que envolve fatores como bem-estar emocional, custo/benefício, quantidade de tempo e esforço empregado, etc.)
d. Auto-reforçamento ou recompensa pelo trabalho bem feito.
e. Recapitular a situação e averiguar as correções a serem feitas para achar uma solução mais eficaz.

Poderíamos continuar enumerando e descrevendo diferentes técnicas de intervenção para situações estressantes, pois são inúmeras as possibilidades de intervenção. Mas fugiríamos ao objetivo central desta obra, que é apresentar ao leitor uma perspectiva atual em relação à temática do estresse, seus conceitos, sua avaliação e sua terapêutica, sem, no entanto, sobrecarregar o texto com demasiados argumentos técnicos. Do exposto até este momento, é possível contextualizar o estresse em suas diferentes dimensões.

Com relação às técnicas de intervenção (especificamente este último capítulo), finalizamos sua apresentação salientando a necessidade de um certo ecletismo técnico em relação à aplicação terapêutica, com uma analogia, a "caixa de ferramentas" de um mecânico: dependendo do tipo de problema que encontrarmos, teremos de usar um equipamento ou um instrumento diferente. Mas é preciso tomar cuidado para não confundir ecletismo técnico com confusão conceitual. Ao mesmo tempo em que defendemos a necessidade de disponibilizarmos diferentes técnicas de intervenção, afirmamos categoricamente que elas devem estar fundamentadas em uma abordagem teórica consistente e epistemologicamente coerente.

É preciso também dizer que antes de se aplicar qualquer técnica de intervenção – por mais simples que uma técnica de relaxamento possa parecer –, é fundamental contextualizar sua aplicação e ter clareza sobre quais os impactos que ela trará para o sujeito, assim como verificar se existe a necessidade de uma avaliação ou diagnóstico mais criteriosos.

De forma genérica, podemos afirmar que há um consenso, entre os bons profissionais de qualquer área, de que um bom diagnóstico ou uma boa avaliação é o alicerce de qualquer intervenção efetiva. Nesse sentido, sugerimos a todos os estudantes e os profissionais que antes de realizarem qualquer intervenção sempre pensem sobre qual fenômeno estão intervindo, ou ainda, qual o diagnóstico que está subsidiando a intervenção.

Conclusão

Se considerarmos os estudos de Selye como ponto de partida para a compreensão do estresse, podemos constatar que atualmente temos modelos teóricos bastante sólidos, que permitem afirmar que evoluímos muito mais, em menos de um século, nessa área do que em diversos outros campos da psicologia.

O desenvolvimento de modelos teóricos suficientemente sólidos contribuiu sobremaneira para o delineamento e o estabelecimento de alguns construtos, oferecendo também suporte para diversas intervenções. Todavia, parece-nos que nosso maior déficit talvez ainda resida na dificuldade em operacionalizar o acesso ou a compreensão deste fenômeno de forma mais precisa, em grande medida, dado sua multidimensionalidade.

No que concerne à área de avaliação psicológica ou de diagnóstico do estresse, não tivemos a pretensão de esgotar as discussões sobre o assunto – na verdade, algumas colocações trazidas pelos autores pretenderam mobilizar discussões.

Entretanto, devido aos nossos objetivos iniciais, tivemos, sim, a pretensão de colaborar para que o leitor possa pensar com mais propriedade na avaliação desse fenômeno e na operacionalização de avaliações psicológicas dotadas de mais cientificidade e critérios teóricos e metodológicos. E, embora esses termos soem um pouco técnicos ou áridos na prática clínica, a psicologia enquanto ciência é fundamentada em pressupostos científicos e metodológicos.

Temos certeza de ter propiciado ao leitor excelentes referências e fontes bibliográficas, algumas técnicas eficientes de intervenção e um modelo ou diretrizes para a avaliação do estresse, de forma a contemplar sua multidimensionalidade. Acreditamos que em qualquer processo de pesquisa, compreensão, diagnóstico ou avaliação de um fenômeno, o profissional e o estudante devem, com uma certa freqüência, interromper o trabalho e repensar qual teoria está fundamentando a compreensão de seu objeto de estudo, quais seus objetivos e métodos nesse processo, e também a forma com que estará comunicando os resultados dessa compreensão.

Parece-nos que, neste momento, já dispomos de quase todos os recursos metodológicos necessários para avaliar o fenômeno estresse em sua multidimensionalidade; cabe ao pesquisador, ao profissional ou ao estudante a árdua tarefa de pensar constantemente no seu objeto de avaliação com cientificidade, rigor metodológico e ética.

REFERÊNCIAS BIBLIOGRÁFICAS

AGARWAL, S. K.; MARSHALL Jr., G. D. "Stress effects on immunity and its application to clinical immunology". *Clinical and experimental allergy*, 31: 25-31, 2001.

ALBRECHT, K. *O gerente e o estresse: faça o estresse trabalhar por você*. Trad. José Ricardo Brandão Azevedo. Rio de Janeiro: Jorge Zahar, 1988.

ALCHIERI, J. C. & CRUZ, R. M. *Avaliação psicológica: conceito, método e instrumentos*. São Paulo: Casa do Psicólogo, 2003.

ALMEIDA, O. M. M. S. "A resposta neurofisiológica ao *stress*". In: LIPP, M. E. N. (Org.). *Mecanismos neuropsicofisiológicos do stress: teoria e aplicações clínicas*. São Paulo: Casa do Psicólogo, 2003, p. 25-29.

ANTONIAZZI, A. S.; DELL'AGLIO, D. D.; BANDEIRA, D. R. "O conceito de *coping*: uma revisão teórica". *Estudos de psicologia*, 3 (2), 273-294, 1998.

APA. *Manual diagnóstico e estatístico dos transtornos mentais – DSM – IV-TR*. Porto Alegre: Artes Médicas, 2002.

ARANTES M. A. A. C. & VIEIRA, M. J. F. *Estresse*. São Paulo: Casa do Psicólogo, 2002.

ANASTASI, A. & URBINA, S. *Testagem psicológica.* Porto Alegre: Artes Médicas, 2000.

BEARS, M. F.; CONNORS, B. W.; PARADISO, M. A. *Neurociências: desvendando o sistema nervoso*. Porto Alegre: Artes Médicas, 2002.

BENEVIDES-PEREIRA, A. M. T. (Org.). *Burnout: quando o trabalho ameaça o bem-estar do trabalhador*. São Paulo: Casa do Psicólogo, 2002.

BORGES, L.; ARGOLO, J. C. T.; PEREIRA, A. L. S.; MACHADO, E. A. P.; SILVA, W. S. "A síndrome de *burnout* e os valores organizacionais: um estudo comparativo em hospitais universitários". *Psicologia reflexão e crítica*, 15(1): 189-200, 2002.

BOURGUIGNON, A. *História natural do homem. O homem imprevisto*. Rio de Janeiro: Jorge Zahar Editor, 1990.

BREMMER, D. B. "Does stress damage the brain". *Biological psychiatry*, 45: 797-802, 1999.

BRUCH, J. *Mensuração dos níveis de somatização em estudantes universitários*. Trabalho de Conclusão de Curso, Itajaí, UNIVALI. 2002.

CALVIN, W. *Como o cérebro pensa.* Rio de Janeiro: Rocco, 1998.

CARLSON, N. E. *Fisiologia do comportamento*. Barueri: Manole, 2002.

COBB, J. M. T.; STEPTOE, A. D. P. "Psychosocial stress and susceptibility to upper respiratory tract illness in an adult population sample". *Psychosomatic medicine*, 58(5): 404-412, 1996.

CONTERATTO, G. Z. *Estudo comparativo dos sintomas psicológicos nos períodos pré e pós-operatório de pacientes hospitalares*. Trabalho de Conclusão de Curso. Itajaí, UNIVALI. 2002.

COOPER, C. L.; DEWE, P. J.; O'DRISCOLL, M. P. *Organization stress: a review and critique of theory, research, and applications.* London: Sage, 2001.

COUTO, H. *Stress e qualidade de vida dos executivos.* Rio de Janeiro: COP, 1987.

CRONBACH, L. J. *Fundamentos da testagem psicológica.* Porto Alegre: Artes Médicas, 1996.

CRUZ, R. M. "O processo de conhecer em avaliação psicológica". In: CRUZ, R. M.; ALCHIERI, J. C; SARDA, J. J. J. *Avaliação e medidas psicológicas: produção do conhecimento e da intervenção profissional.* São Paulo: Casa do Psicólogo, 2002, p. 15-24.

_________ & CORRÊA, F. C. "Avaliação da carga cognitiva de trabalho". *Revista de ciências humanas* (edição especial temática), p.141-155, 2000.

_________; ALCHIERI, J. C; SARDA, J. J. J. *Avaliação e medidas psicológicas: produção do conhecimento e da intervenção profissional.* São Paulo: Casa do Psicólogo, 2002.

CUNHA, J. *Manual da versão em português das escalas Beck.* Porto Alegre: Artes Médicas, 2001.

DAVIS, M.; ESHELMAN, E. B.; McKAY, M. *Manual de relaxamento e redução do stress.* São Paulo: Ed. Summus, 1996.

DEROGATIS, L. R. *SCL-90-R: administration, scoring and procedures.* Estados Unidos, NCS, 1994.

FIGUEROA, N. L.; SCHUFER, M.; MUIÑOS, R.; MARRO, C.; CORIA, E. A. "Um Instrumento para a avaliação de estressores psicossociais no contexto de emprego". *Psicologia: reflexão e crítica*, 14 (3), 653-659, 2001.

FOLEY, R.A. "Evolutionary ecology of fossil hominids". In: SMITH, E. A. & WINTERHALDER, B. (Eds.). *Evolutionary ecology and human behavior.* New York: Aldine de Gruyter, 1992, p. 131-164.

FOLKMAN, S., LAZARUS, R. S. "An analysis of *coping* in a middle-aged community sample". *Journal of health and social behavior*, 21, 219-239, 1985.

FOLKMAN, S., LAZARUS, R. S., GRUEN, R. J. & DE LOGINS, A. "Appraisal, *coping*, health status and psychological symptoms". *Journal of personality and social psychology*, 50, 571-579, 1986.

FRANÇA, A. C. L. & RODRIGUES, A. L. *Stress e trabalho: uma abordagem psicossomática.* São Paulo: Atlas, 1999.

GOLDBERG, D. P. *Questionário de Saúde Geral de Goldberg.* Tradução L. Pasquali, V. V. Gouveia, W. B. Andriola, F. J. Miranda. São Paulo: Casa do Psicólogo, 1996.

GONZÁLEZ, B. G. & ESCOBAR, A. "Neuroanatomía del estrés". *Revista Mexicana de Neurociencia*, 3(5): 273-282, 2002.

GONZÁLEZ, M. A. A. *Stress: temas de psiconeuroendocrinologia.* São Paulo: Robe Editorial, 2001.

HELMAN, C. *Cultura, saúde e doença.* Porto Alegre: Artes Médicas, 1994.

HERBERT, J. "Fortnightly review: stress, the brain, and mental illness". *British medical journal*, 315(7107): 530-535, 1997.

HOLMES, T. H. & RAHE, R. H. "The social readjustment rating scale". *J. Psychosomatic. Res.*, 4, 189-194, 1976.

JACQUES, M. G. & CODO,W. (Orgs.). *Saúde mental & trabalho.* Porto Alegre: Artes Médicas, 2002.

KABAT-ZIN, J. *A mente alerta.* Rio de Janeiro: Campus, 2001.

KIELCOLT-GLASER, J.; MARUCHA, P. T.; MALARKEY, W. B.; MERCADO, A. M.; GLASER, R. "Slowing of wound healing by psychological stress". *Lancet*, 346, p. 1194-1196, 1995.

KIELCOLT-GLASER, J.; MCGUIRE, L.; ROBLES, T. F.; GLASER, R. "Psychoneuroimmunology: psychological influences on immune function and health". *Journal of consulting and clinical psychology*, 70(3): 537-547, 2002.

KOLB, B. & WHISHAW, I. Q. *Neurociência do comportamento*. Barueri: Manole, 2002.

LALONI, D. T. *SCL-90-R:adaptação, precisão e validade*. Tese de doutorado não publicada. PUC-Campinas, 2001.

LATACK, J. C. "Coping with job stress: measures and future directions for scale development". *Journal of applied psychology*, 71, (3), 377-385, 1986.

__________. & HAVLOVIC, A. J. "Coping with job stress: a conceptual evaluation framework for coping measures". *Journal of organizational behaviour*, 13, 479-508, 1992.

LAVILLE, C. & DIONNEB, J. *A construção do saber: manual de metodologia da pesquisa em ciências humanas*. Porto Alegre: Artes Médicas, 1999.

LAZARUS, R. S. & FOLKMAN, S. *Stress, appraisal and coping*. New York: Springer, 1984.

LEAKEY, R. *A origem da espécie humana*. Rio de Janeiro: Rocco, 1995.

LILACS. *Biblioteca virtual em saúde*. http://www.bases.bireme.br/bvs, 2003.

LIPP, M. E. N. (Org.) *Pesquisas sobre stress no Brasil: saúde, ocupações e grupos de risco*. Campinas: Papirus, 1996.

__________. *Como enfrentar o stress*. São Paulo: Ícone, 1997, 4ª ed.

__________. *Manual do inventário de sintomas de stress para adultos (ISSL)*. São Paulo: Casa do Psicólogo, 2000.

_________. (Org.). *O stress do professor*. Campinas: Papirus, 2002.

_________. "*Stress*: evolução conceitual". In: *Mecanismos neuropsicofisiológicos do stress: teoria e aplicações clínicas*. São Paulo: Casa do Psicólogo. 2003, p. 17-21.

_________. & MALAGRIS, L. N. "Manejo de estresse". In: RANGE, B. (Org.). *Psicoterapia comportamental e cognitiva: pesquisa, prática, aplicações e problemas*. Campinas: Editorial Psy II., 1998, p. 279-292.

_________; LUCARELLI, M. D. M. *Escala de stress infantil*. São Paulo: Casa do Psicólogo, 1998.

LORENZI, C. R. & BELLI, F. *Estresse, estressores e estratégias de enfrentamento entre professores universitários*. Trabalho de Conclusão de Curso. Itajaí, UNIVALI, 2003.

MATOS, L. A. L. *Stress na academia: um estudo com professores de Rondônia*. Dissertação de Mestrado, Universidade de São Paulo, São Paulo, 2000.

McEWEN, B. S. "The neurobiology of stress: from serendipity to clinical relevance". *Brain Research*, 886: 172-189, 2000.

MENDES, R. & DIAS, E. C. "Saúde do trabalhador". In: ROUQUARYOL, M. Z. *Epidemiologia e saúde*. São Paulo: Medsi, 1994, 4ª ed.

MENDONÇA, R. M. S. *A percepção de estresse entre estudantes universitários*. Trabalho de Conclusão de Curso. Itajaí, UNIVALI, 2002.

MIZOGUCHI, K.; YUZURIHARA, M.; ISHIGE, A.; SASAKI, H.; CHUI, D-H.; TABIRA, T. "Chronic stress induces impairment of spatial working memory because of prefrontal dopaminergic dysfunction". *Journal of neuroscience*, 20(4): 1568-1574, 2000.

MORAES, L. F. R.; MARQUES, A. L.; KILIMNIK, Z. M.; LADEIRA, M. B. "O trabalho e a saúde humana: uma reflexão sobre as abordagens do *stress* ocupacional e a psicopatologia do trabalho". *Cadernos de psicologia*, 3 (4), 11-18, 1995.

MORGAN III, C. A.; CHO, T.; HAZLETT, G.; CORIC, V.; MORGAN, J. "The impact of burnout on human physiology on operational performance: a prospective study of soldiers enrolled in the combat diver qualification course". *Yale journal of biology and medicine*, 75, p. 199-205, 2002.

NEWPORT, D. J.; NEMEROFF, C. B. "Neurobiology of posttraumatic stress disorder". *Current opinion in neurobiology*, 10, p. 211-218, 2000.

PALÁCIOS, M.; DUARTE, F.; CÂMARA, V. M. "Trabalho e sofrimento psíquico de caixas de agências bancárias na cidade do Rio de Janeiro". *Cadernos de saúde pública*, 18(3): 843-851, 2002.

PASQUALI, L. *Teoria e métodos de medida em ciências do comportamento*. Brasília: UNB/Finep, 1996.

__________. *Instrumentos psicológicos: manual prático de elaboração*. Brasília: LabPam/Finep, 1999.

__________. *Técnicas de exame psicológico (TEP): manual*. São Paulo: Casa do Psicólogo, 2001.

PELLETIER, K. R. "Entre a mente e o corpo: estresse, emoções e saúde". In: GOLEMAN, D. & GURIN, J. (Org.) *Equilíbrio mente e corpo: como usar sua mente para uma saúde melhor.* Rio de Janeiro: Campus, 1997, 3ª ed.

REINHOLD, H. H. "Fontes e sintomas de stress ocupacional do professor". *Estudos de psicologia*, 2 (2 e 3), 20-50, 1985.

ROCHA, L. E.; DEBERT-RIBEIRO, M. "Trabalho, saúde e gênero: estudo comparativo sobre analistas de sistemas". *Saúde pública*, 35 (6), 539-547, 2001.

ROCHA, R. *Contribuições da medicina mente/corpo para a compreensão do processo saúde/doença e suas implicações sobre o sistema de saúde.* Trabalho de Conclusão de Curso. Itajaí, UNIVALI, 2002.

SAPOLSKY, R. M. "Glucocorticoid toxicity in the hippocampus: reversal by supplementation with brain fuels". *Journal of Neuroscience*, 6, p. 2240-2244, 1986.

__________. "Why stress is bad for your brain". *Science*, 273, p. 749, 1996.

__________. *Why zebras don't get ulcers? An updated guide to stress, stress-related diseases, and coping*. New York: W. H. Freeman and Co., 1998.

SARDÁ, J. J. J. *Avaliação psicológica de estados emocionais associados a síndromes dolorosas*. Dissertação de Mestrado. UFSC, Florianópolis, 1999.

SAVOIA, M. G. "Escalas de eventos vitais e de estratégias de enfrentamento". *Revista de psiquiatria clínica*, 26(2):57-67, São Paulo, mar./abr. 1999.

__________; SANTANA, P. R.; MEJIAS, N. P. "Adaptação do inventário de estratégias de *coping* de Folkman e Lazarus para o português". *Psicologia USP*, 7(1 e 2), p. 183-201, 1996.

SCHIFFER, F.; TEICHER, M. H.; PAPANICOLAOU, A. C. "Evoked potential evidence for right activity during the recall of traumatic memories". *Journal of neuropsychiatry and clinical neuroscience*, 7, 169-175, 1995.

SCHMIDT, I. T. *Stress ocupacional no ambiente acadêmico universitário: estudo com professores de um distrito universitário.* Tese de doutorado. Universidade de São Paulo, São Paulo, 1990.

SEID, E. M. F. ; TRÓCCOLI. B. T.; ZANNON, C. M. L. C. "Análise fatorial de uma medida de estratégias de enfrentamento". *Revista psicologia: teoria e pesquisa*, 17, (3), 225-226, 2001.

SELIGMANN-SILVA, E. *Desgaste mental no trabalho dominado.* São Paulo: Cortez, 1994.

SELYE, H. *The stress of life.* New York: McGraw Hill, 1984 (publicado originalmente em 1956).

SENGE, P. M. "A quinta disciplina: arte e prática da organização de aprendizagem". Trad. OP traduções. São Paulo: Best Seller, 2002, 10ª ed.

SIMONTON, O. C.; SIMONTON, S. M.; CREIGHTON, J. L. *Com a vida de novo.* São Paulo: Summus Editora, 1978.

SOUZA, M. F. M. & SILVA, G. R. "Risco de distúrbios psiquiátricos menores em área metropolitana na região Sudeste do Brasil". *Revista de saúde pública*, 32 (1), 50-58, 1998.

SPARRENBERGER, F.; SANTOS, I.; LIMA, R. C. "Epidemiologia do distress psicológico: um estudo de base populacional". *Revista de saúde pública*, 37(4): 434-439, 2003.

SPIELBERG, C. D.; GORSUCH, R. L.; LUSCHENE, R. E. *Inventário de ansiedade traço-estado.* Tradução e adaptação A. M. Biaggio e L. Natalício. Rio de Janeiro: CEPA, 1964.

STOUDEMIRE, A.& HALES, R.E. "Fatores psicológicos afetando condições médicas e DSM-IV: visão geral". In: STOUDEMIRE, A. (Eds.). *Fatores psicológicos afetando condições médicas.* Porto Alegre: Artes Médicas, 2000.

STROEBE, W. & STROEBE, M. S. *Social psychology and health.* Buckingham: Open University Press, 1995.

TAMAYO, M. R.; PINHEIRO, F.; TRÓCCOLI, B. "Exaustão emocional: relações com a percepção de suporte organizacional e com as estratégias de coping no trabalho". *Estudos de psicologia*, 7, (1), 37-46, UnB, 2002.

TEICHER, M. H. "Feridas que não cicatrizam: a neurobiologia do abuso infantil". *Scientific American Brasil*, 1(1): 83-89, 2002.

TURK, D. C.; MELZACK, R. *Handbook of pain assessment.* New York: Guilford Press, 2001.

VERA, M. N. & VILA, J. "Técnicas de relaxamento". In: CABALLO, V. E. (Org.). *Manual de técnicas de terapia e modificação do comportamento.* São Paulo: Santos Livraria e Editora, 1999, p. 147-165.

VON BORRELL, E. H. "The biology of stress and its application to livestock housing and transportation assessment". *Journal of animal science*, 79 (E. Suppl.): E260-E267, 2001.

WISNER, A. *A inteligência no trabalho: textos selecionados de ergonomia.* São Paulo: Fundacentro, 1994.

Autores

Jamir João Sardá Jr.

Psicólogo e mestre em Psicologia pela Universidade Federal de Santa Catarina. Gestalt Terapeuta. Professor da Univali, na área de avaliação psicológica, e fundador do Laboratório de Avaliação Psicológica – LAP. Atua na área de avaliação e intervenção de pacientes com dor crônica desde 1996. Doutorando (Capes-MEC) no *Pain Management and Research Centre* do RNSH – Universidade de Sydney.

Eduardo José Legal

Psicólogo pela Universidade Federal de Santa Catarina, mestre e doutor em Psicologia Experimental pela USP. Atua como professor e pesquisador nos cursos de Psicologia e Fonoaudiologia na Universidade do Vale do Itajaí, Campus Itajaí (SC).

Sérgio Jacques Jablonski Jr.

Psicólogo e mestre em Psicologia pela Universidade Federal de Santa Catarina. Atua como professor e pesquisador no curso de Psicologia da Universidade do Vale do Itajaí, Campus Itajaí (SC).

Impresso por :

Graphium
gráfica e editora

Tel.:11 2769-9056